오늘의문학 시인선
413

채희인 시집

오늘의문학사

국립중앙도서관 출판예정도서목록(CIP)

하현달 : 채희인 시집 / 지은이: 채희인. -- 대전 : 오늘의
문학사, 2018
p. ; cm. -- (오늘의문학 시인선 ; 413)

ISBN 978-89-5669-890-8 03810 : ₩9000

한국 현대시[韓國現代詩]

811.7-KDC6
895.715-DDC23 CIP2018002383

하현달

■ 추천사

염결(廉潔)함과 내려놓음의 미학

- 채희인 시인의 시집을 읽으며 -

문학평론가 리 헌 석
사단법인 문학사랑협의회 이사장

1.

바른 자세로 학생들을 지도하고, 한문학을 전공하여 역사에 남은 한문학을 연구하며, 순수 우리말을 살려 서정시를 빚는 분으로만 알고 지내던, 채희인 시인의 작품을 감상할 기회를 맞았습니다. 등단한 지 10여 년이 지나 발간하는 첫 시집을 열고 첫 작품부터 읽었습니다. 「퉁소」「여울진 길목에서」「오늘의 망초꽃, 너는」을 읽으면서 공감의 물결에 휩싸였습니다. 이들 작품에 이어 「하현달」을 읽으면서 잠시 책을 덮었다가, 다시 펴 들고 소리 내어 낭독하였습니다.

어제보다는
한 입 물려 더디 오르고는

기라성에
한 켠의 자리도 내주고

소박(疎薄) 맞고
모퉁이, 돌아서는 고모 같아

닿지 않는 그리움만
포-록 포-록입니다

—「하현달」 일부

〈어제보다는/ 한 입 물려 더디 오르고는〉은 자연의 섭리를 시로 당겨 놓은 표현입니다. 초승달이거나 보름달이거나 그믐달이거나 모든 달은 어제보다 조금씩 늦추어 오르게 마련입니다. 여건에 따라 좀 다를 수 있지만, 통계상으로는 달이 하루에 약 50분씩 늦게 뜨는데, 이러한 과정을 시인은 '한 입 물려 더디' 오른다고 표현합니다. 또한 〈기라성에/ 한 켠의 자리도 내주고〉에서 하현달은 '밤하늘에 반짝이는 수많은 별'들과 달리 서서히 이우는 실체임을 확인합니다.

이우는 하현달을 〈소박(疎薄) 맞아/ 모퉁이, 돌아서는 고모〉로 형상화한 부분에서 이 작품은 한국적 정서를 오롯하게 지닌 시로 격상됩니다. 일부 젊은 세대들에게서는 이러한 정서가 생경할 수도 있으나, '이순(耳順)의 시인'과 정서를 공유하는 세대들은 '하현달'에서 눈물겨운 공감대를 형성하게 마련입니다. 이는 서정주 시인의 〈머언 먼 젊음의 뒤안길에서/ 인제는 돌아와 거울 앞에 선/ 내 누님같이 생긴 꽃〉이라는 작품을 떠올리게 합니다. 국화에서 누님을 연상한 것이나, 하현달에서 소박맞은 (실제는 아닐지라도) 고모를 찾아 독자들과 정서를 공유하는 것은 시인들의 놀라운 발상일 터입니다.

이러한 바탕에 〈닿지 않는 그리움만〉 포록인다는 발상 역시 신선합니다. '포록이다'는 말은 ① 흐리고 바람이 없는 상태를 나타내는 '잠포록하다'의 준말이거나, ② 펄럭이다의 밝은 상태는 '팔락이다'일 터이고, 작은 상태는 '폴록이다' 혹은 '포록이다' 일 터입니다. ②의 경우, '그리움'은 구체적 실체가 없는 추상성을 띠는데, 여기에 구체성을 띤 '포록이다'를 결합하여 '작고 약하지만 살아 움직이는 상태'를 형상화한 활유법은 채희인 시인만의 놀라운 능력입니다.

2.

채희인 시인은 외모에서 드러나는 풍모와 함께 정신까지 정갈한 선비로 보입니다. 옛 선비들은 인격적 완성을 위해 끊임없이 학문과 덕성을 키우며, 세속적 이익보다 대의와 의리를 위해 목숨까지도 버리는 정신을 지향했습니다. 지나간 덕목으로 보이지만, 선비들은 삼강(三綱)과 오륜(五倫)을 지켜왔습니다. 삼강에서는 군위신강(君爲臣綱)이 앞이어서, 부자와 부부의 덕목보다 우선하고 있지만, 오륜의 앞에는 부자유친(父子有親)이 있어, 군신 장유 부부 붕우보다 더 중하게 여겨 왔습니다.

> 몰아치는 비바람이 어찌 겨울엔들 없겠는가
> 어느 진창 가풀막에 놓일지라도
> 글 읽어 새벽 여시던 아버님의 그 모습
> 대보름 달빛처럼 여기며
>
> 두어 톨 이슬로도 얼굴 씻고
> 함빡 웃는 저 들꽃처럼 오늘을 살자

—「두어 톨 이슬로도」 일부

부친의 말씀을 거울삼아 '안분지족(安分知足)'하는 선비의 내면을 그려낸 작품입니다. 19행 중에서 후반부의 6행이 작품의 중심을 이룹니다. 이 부분만으로도 시인의 가계(家系) 3대를 확인할 수 있습니다. 〈몰아치는 비바람이 어찌 겨울엔들 없겠는가〉는 일제 강점기부터 대두된 좌우의 대립에서 고통 받으신 조부의 삶을 상징적으로 구체화한 촌철살인의 경지입니다.

〈어느 진창 가풀막에 놓일지라도/ 글 읽어 새벽 여시던 아버님의 그 모습/ 대보름 달빛처럼 여기며〉는 부친이 평생 지키신 삶의 실상(實相)입니다. 부친이 사시던 시대를 그는 진흙탕의 가풀막으로 비유합니다. 가풀막은 '몹시 비탈진 땅바닥'인데, '진흙 비탈'의 상징적 의미는 당시 서민들의 혹독한 환경일 터, 독자들도 충분히 유추할 수 있을 것 같습니다. 어려운 환경에서도 부친은 〈글 읽어 새벽을 여시던〉 분입니다. 그래서 부친의 유훈(遺訓)은 시인에게 삶을 지탱하는 금과옥조(金科玉條)로 작용합니다.

시인의 부친은 생전에 3계명을 유훈으로 남기셨습니다. 첫째, "정치하지 않았으면 좋겠다." 좌우(左右) 사상대립으로 인해 혼란했던 시대에 가정사의 아픔을 옹이처럼 끌어안고 살아야 했던 삶을 수용하기 위해 시인은 호를 농귀(聾龜, 귀먹은 거북이)로 짓고 세상의 정치 사회에서 들려오는 소리를 차단합니다. 둘째, "재산은 너무 많이 모으지 않았으면 좋겠다." 혼란한 시기에 시인의 조부께서 많은 재산을 자수성가로 이루었지만 또한 지키기 위해 자유롭지 못했던 삶을 암시합니다. 재산이 원한다고 하여 쌓이는 것은 아니지만, 시인은 부친의 유훈에 따라 부부 교육자로서 근검절약하면서 생활합니다. 자녀들도 그 본을 받아 공무원으로 국리민복을 위해 노력하고 있으니 아름다운 계승입니다. 셋째, "글 읽는 집안에 태어나서 글 한 줄을 남기지 못하면 인생을 헛사는 것이다.” 이 당부를 따라 시인으로 등단하여, 첫 시집을 발간하니, 부친의 뜻에 순종한 미덕입니다.

시인은 부친의 유훈을 따라 살다보니, 마음을 비우기 위해 노력하며 허정(虛靜)의 경지를 지향합니다. 그래서 〈두어 톨 이슬로도 얼굴 씻고/ 함빡 웃는 저 들꽃처럼 오늘을 살자〉고 다짐합니다. 이와 같이 염결(廉潔)한 시심이 여러 작품에서 산견(散見)됩니다.

3.

채희인 시인은 한문학(漢文學)을 전공한 분입니다. 우리 언어의 큰 부분을 차지하고 있는 한자어와 우리 선조들의 언어 유산을 해독하기 위해 가장 시급한 일이 한문을 공부하는 일이었을 터입니다. 그런 연유로 한문학을 전공하였고, 교직에 입문하여 교육부의 요청에 의해 5차 고등학교 한문 교과서 검토위원, 6차 한문 교과서 심의위원, 7차 교육과정 한문분과 심의위원으로 봉사하며, 한문 교육의 전문가로 인정받기도 하였습니다.

교육자로 만족하던 시인은 부친의 유훈에 따라 한시(漢詩)를 창작합니다. 수십 편, 습작까지 치면 수백 편에 이르게 창작하였지만, 첫 시집에는 30편만 수록합니다. 10편은 일상생활을 그렸고, 20편은 특정 지역을 돌아보고 지은 기행한시(紀行漢詩)입니다. 그 중에는 중국 경승지를 돌아보고 지은 시도 여러 편입니다. 교육자로서 마주친 현실의 한 장면을 한시로 빚기도 합니다.

側人空席曇由緣(측인공석담유연)
茶姬輕談裏回旋(다희경담리회선)
開馬駔傳接東明(개마장전접동명)
不如小雀似儡身(불여소작사뢰신)

(경오해의 가을날에)
교무실 옆자리가 종일 비어도 그 연유를 모르고
다방 아가씨, 껌 씹는 이야기 같은 오가는 말에
연암 선생의 마장전 펼쳐 새벽 맞는 모습, 흡사
저문 가을녘 참새도 쫓지 못하는 허수아비 같네

—「庚午之秋日(경오지추일)」 전문

이 시의 기(起)구에서 시인은 구성원들의 무심함을 질타합니다. 옆 자리의 선생님이 결근을 하여도 알지 못하고, 때로는 알려고도 하지 않는 개인주의에 한탄의 정서를 담습니다. 승(承)구에서는 무정한 그들의 노변정담(爐邊情談)을 들어보니 다방 아가씨들의 수준과 별로 다르지 않다는 실망이 들어 있습니다. 전(轉)구에서는 국면을 전환합니다. 연암 박지원이 지은 한문 소설 '마장전'을 통하여 넌지시 비판합니다. 말 거간꾼들이 세상 돌아가는 모습과 친구 사이의 도리를 풍자적으로 비판하는 내용의 책이기 때문입니다. 결(結)구에서는 자신으로 귀결합니다. 〈저문 가을녘 참새도 쫓지 못하는 허수아비〉와 같은 자신을 면구스러워하는 마음이 담겨 있습니다.

한시의 성공 요체는 1차적으로 각운의 절묘한 선택입니다. 시집의 30편은 7언 절구 29수, 7언 율시 1수로 구성되었습니다. 이 중 절구는 '기 승 결'구의 각운(脚韻)이 맞아야 완성됩니다. 이를 절묘하게 맞추기 위해 밤잠을 설쳤을 시인의 각고면려(刻

苦勉勵), 이를 찬탄하며 박수하는 소이연(所以然)이기도 합니다.

이제 농귀(聾龜) 채희인 시인은 힘들게 첫 시집, 첫 걸음을 떼었습니다. 퇴임을 앞두고 있으니, 이제 서정과 사색이 깃든 훌륭한 시(詩)를 많이 빚으리라 믿습니다. 한문학의 연구도 깊어질 터이고, 한시 창작 또한 날로 새로워져 한시집(漢詩集) 발간도 기대합니다. 더욱이 아름다운 단양에 둥지를 마련하였으니, 맑고 청랑한 시음(詩吟)으로 세상을 조금쯤 깨끗이 하리라 확신하며, 시집 감상의 여정(旅程)을 마칩니다.

목차

제2부 애련(愛蓮)의 마음

목차

제3부 삼동의 밤에

목차

제4부 백두산에 올라

제 1 부

—

고향의 실루엣

퉁소 [簫]

넘쳐나는 젊음을 언제나
칭칭 감고 옹고집으로 섰던
지난날은 외마디 외침이었네

떨림판 같은 하야-디 하얀
속살마저 떨쳐버린 지금
단근질에 끄을은 얼굴
터진 구멍으로
마음 씻고 온 그대

혹여, 지나가는 길
한 줌 입맞춤 있어
내 온몸 적셔 준다면
나는 한 송이 황혼 꽃으로
그대의 분신(分身)이겠네

※ 단근질 : 지난날, 죄인의 살갗을 불에 달군 쇠로 지지던 형벌

여울진 길목에서

그냥 머무르고 싶소
그냥 눈을 감고 싶소

여명(黎明)의 물줄기를 뒤틀고
추우(秋雨) 같은 땀 흘리며
오롯한 모습으로 서서
쨍쨍이는 쇳소리 또 듣는다

조상의 무덤 앞 가냘픈 풀들
끈끈한 접착제 되어
펀더기 같은 하늘,
한 조각 쳐다보며 움켜지게 하는데

자꾸만
자꾸만
철모르는 아이들 순 솟는 얼굴에
차가운 몸짓으로 희나리 연기만 헤친다

그냥 머무르고 싶소
그냥 눈을 감고 싶소

오늘의 망초꽃, 너는

불혹을 떨쳐 보내는 어느 날
아침해, 서녘 하늘로 넘기는 동안
뇌신경 요리조리 뒤집는 수술을 받고
한 계절 또 덤으로 하얗게 보내고는
병원을 나서는 내게, 너는
어느 빛깔
어느 향기도 아닌
기미해, 아우네 장터 그 모습으로
저- 만치 도린곁에서나
은빛 미리내 물결이더니

선지 머금고 뭉특뭉특 지는 동백처럼
저마다 목소리 높여 깃발 현란한 오늘은
고사리 한 땀 한 땀에 피워내던
시골학교 코스모스 꽃길까지도
고갯심 돋군 점령군으로
눈치도 없이
주책도 없이
떼거지로 아우성이구나 망초꽃, 너는.

하현달

보름달
어찌해 못 보고

꼬다케 오른
고갯마루에

이울어 가는
제 모습이 쑥스러워

어제보다는
한 입 물려 더디 오르고는

기라성에
한 켠의 자리도 내주고

소박(疎薄) 맞고
모퉁이, 돌아서는 고모 같아

닿지 않는 그리움만
포-록 포-록입니다

※ 꼬다케 : 불이 약하게 붙어있는 모양

이름 하나의 遺産으로

우리네 조상님네들은
하루를 여는 새벽녘을
뭉뚱그려, 인시(寅時)라 하고

해 오르듯 문명 솟구친 곳을
동방[寅]이라 오리엔트라 부르거니와

띠를 나타내는 열두 마리 동물 중
게염없이 무리지지 않는 호랑이를
인(寅)이라 하여 '호랑이 寅(인)' 입니다

나라[大韓]의 틀도 잡지 못했던 때
때론, 행짜스런 바람도 맞으며
시골 만년(萬年) 훈장이셨던 아버님은
깝죽대 힘줄 돋굴 땅꽤기보다는 내게,
인(寅)이라는 이름 점지해 주셨습니다

그래 그런지, 새벽이면 잠 못 이뤄
곰팡내 난다는 당시(唐詩)나 펼치는 나를
졸가리 같은 반지 하나 끼지 못한 아내는
모처럼 만나 얼굴도 가물가물해진

동창들에게 너무너무 내세울 게 없어
새벽잠 없는 남편도 자랑거리라고
엉너리로 한 마디 불쑥 던지고는
홍당무가 되었답니다, 누구를 닮아.

우금케 치닫겠지만

그래, 우리 어린 날 무지개 좇던 그 모습으로
악수하며 오늘 한 가족이 되자꾸나

그동안 우리 다 같이 삼국 통일 이룬
그 발자취 어린 산자락 밑, 여기서
만국기 휘날리는 운동장 맨발로 뛰며
이름도 모르는 지지새 노랫소리
무슨 관현악단 연주로 여기며
만뢰 태령산이, 단지
서있지 않음을 보지 않았는가

이제는 컴퓨터 앞에 앉아 새벽을
달리는 자동차 친구로 삼아
아버지 할아버지 잇대어 온
그 발길 우금케 치닫겠지만

지금은 골 패인
어머니 주름살에 흐르던 그 땀방울 기억하며
두 손 따뜻이 잡고 가슴 화알-짝 열고
그렇게 걸어가자. 그러다 그 황혼 빛 가을날엔
꼬투리마다 크게 입 벌려 알곡 쏟음도, 간각하며

우리 웃으며 때로는 밤하늘 별도 세며
그렇게 한 가족이 되자꾸나

※ 우금 : 시냇물 급히 흐르는 가파르고 좁은 산골짜기
※ 만뢰 · 태령산 : 충북 진천읍에 있는 산

도리깨의 斷想

햇살 따가운 가을 봉당에
토닥여 한 톨 콩알이나 불러내는 나도
무엇인지도 모르며 치밀어 오르는
속내 안고 더러는
아톰 같은 번개, 천둥 꼬드겨 놀던 날이.
온몸으로 사는 것이거니 했네

외가라며 놀러온 얼굴 뽀오얀 아이들
장난감처럼 내두르는 손짓에, 나는
생명에 허리 내주고
울 밖으로 튕겨져 똑바로
하늘 한 번 쳐다보지도 못한
팥 톨 형제 신음소리 밤새 듣는
오늘에야

할아버지 할머니 부드러운 손결
지렛대, 다정한 친구임을 알았네
두 눈으로,

개똥지빠귀

한 뼘도 안 되는 작은 샙니다
하늘을 제압하는 독수릴 때로는
부러워하지 않은 것은 아니지만
부리 한-입 나락 한 톨로도
살아 모습 그대로인 안개꽃 같은 아버질
봉곳이 우러렀습니다

고운 때깔로 온 몸 장식해
손님 끌 줄도 모른다고
더러는 얕잡아 보는 사람 있었지만
이-쁜 아내와 딸아이 모두
정부미(政府米) 포대 한 조각으로
무람없이 온 몸에 두르고
서분거리며 즐거웠습니다

우거져 제 몸 추스르지도 못하는 여름 산
뒤흔드는 뻐꾸기 소릴
흉내조차 낼 수도 없었지만
좁쌀 같은 병(病). 옆구리에 붙인 오늘은
젊음 튕기며 대처(大處)로 간 자식놈
하염없이 기다리는 시골 할아버지 곁
악사(樂士)랍니다, 개똥지빠귀 나는.

옥셈이라도 하자

오달진 가을 햇살로 서서
어느 초가 뒤란의 까치밥 쯤으로
너와 내가 바라보는 그 눈빛만으로도
흐르는 새물내 물줄기이거나
보조개 발그레한 그리움으로
손을 잡을 수 있었으면 좋겠네

우리는 지금, 감출 수도 없는
비밀스런 키보드에 거미줄을 치고
깊은 허리춤에 아람치 염낭을 차고
솟구쳐 오르는 하늬바람에
덩달아 춤추는 산불로 서서
누구의 핏줄인지도 모르며
하-얗게 태우려고만 하네

파초 한 잎의 우산으로
조막손 누룽지 입안에 떼어 주며
빗소리 듣던 그 어린 날 더러는,
되돌아보며 옥셈이라도 하자꾸나
우리들아,

※ 옥셈 : 자기에게 불리하게 하는 계산

사인암을 지나며

결실의 향연(饗宴)인가
비바람 풍상에도
연모(戀慕)한 구름 친구삼아
덕지덕지 층층의 세월을 엮어
하늘로 솟구친 기암괴석은
고전(古典)으로 펼쳐 놓았구려

지즐대는 물너울 사이사이
우탁의 귀거래사(歸去來辭)여
바이올린 감미로운 선율을 닮은
가을날 햇살만큼이나 따사롭게
知天命에 끄덕이는 지아비처럼
미리내 하늘로 오늘을 이끄는구려

고향의 실루엣

어릴 적 밤마다 밤마다
마을 사랑방에 모여
어쩌구 저쩌구 놀이하는 척
집집마다 부엌을 떨거덕거리며
된장질한 보리밥, 화롯불에
고추장마저 한 주먹 푹 쑤셔 넣고
키득키득 함박 웃던 그 친구들
언제나 첫�이로 또렷한데

오늘은,
뜨더귀에 회오리 먼지 뒤집어쓰고
혁신도시를 위해 몽골 초원이 된
매나니에도 정겹던 고향에 오니
이따금 애절히 웅긋웅긋 울어대는
뻐꾸기 소리만 귓전을 스칩니다

느리게 드리운 그림자, 친구삼아.

※ 뜨더귀 : 조각조각 뜯어내는 짓
※ 매나니 : 반찬 없이 먹는 밥
※ 웅긋웅긋 : 숨겨져 있다가 쏙쏙 튀어나오는 것

다섯 해의 하늘, 다 누리지도 못한 네게

너도 웃고 우는 얼굴이 있고
나도 웃고 우는 얼굴이 있는데

알록달록한 코코 블럭
쌓고는 부수고 또 쌓는 네 곁에서
마음만은 할배적 빛깔로 드리우려하나
조합서기가 그 누구보다
더 가슴을 흩어 놓는다

에미 앞으로 된 아파트 안에서
에미 앞으로 된 전화길 만지며
다섯 해의 하늘 다 누리지도 못한 네게
허공 쳐 되돌아오는 핏줄 이야길 하곤
감당치 못하는 말꼬리
감당치 못하는 눈시울이여

거듭, 나는
여름날 하루살이도 제 갈길 있었음을 깨달았는데
오늘 네 웃고 우는 얼굴의 폭과
오늘 내 웃고 우는 얼굴의 깊이가 다름을
언제쯤 네게 닻을 내릴 수 있으리

병정놀이하네요. 오늘은

여고생이 그린 수채화 같은 오월,
교장 월례회 때 차를 몬다고
썬그라스 끼고 차를 닦는
학교 아저씨 황씨를 보며
맡은 업무가 환경이라서
하루 중, 한 시간 뿐인 빈 시간에
한 해 도서비보다도 비싼
아 · 가 · 모 입간판을 세웠다
서덜에서 탑을 쌓는 마음으로

점심시간, 궁금한 아이들
참새처럼 몰려 온 그 자리, 울녘엔
과자 껍데기, 어겹으로
병정놀이하네요, 오늘은.

※ 아 · 가 · 모 운동 : 충북도교육청에서 추진하는 아끼고 · 가르고 · 모으자는 경제실천운동
※ 어겹 : 한 데 어우러져 뒤범벅이 됨

까대기 같은 아이들

- 中學校 再排定場에서

방과 후 화장실 청소에
나란히 땀 흘렸던 철수와
회초리로 더하기 빼기 일러 준
선생님 눈길 뒤로하고, 더러는
한껏 뉴-스에 찬란하게 절여져
풋과일, 시큼내 앞세운 에미를 따라
당나귀 눈망울에 까대기 같은 아이들
뜨악한 나들이로 징쟁징쟁여
거수기 손님으로나 들어서는데,

게들의 행진이로세
게들의 행진이로세

※ 까대기 : 어디에 붙여 임시로 만든 건조물

오늘 이렇게 서리 내리니

어둠도 가시지 않은 새벽
역(驛), 그 광장(廣場)에 이르면
고릴라 같은 플라타너스
잎사귀 사이사이에
참새 떼, 포도알처럼 재잘댔는데

오늘 이렇게 서리 내리니
제 모양도 없는 바람조차
지조(志操) 높여 탱탱한 나뭇가질
깔보기나 하듯 훑-고 스치네

이따금은
첨탑(尖塔) 같은 우듬지 한자리에
독수리 앉아 눈보라 속에서도
당당할 겨울나무여

讀書

도서관이면
종달이 뜬 초록 봄날에서
빗장 내건 적막강산(寂寞江山)까지
된불이 되어 별밤이구나

맨발의 아프리카에서
복제인간 함께 웃는 세상
어별성교(魚鼈成橋)로 건너네

끝간 데 없이 아스라한 사막
남겨진 발자국
남겨질 발자국으로
화문석(花紋石)이라네

일상(日常)에,

※ 된불 : 바로 급소를 맞히는 총알
※ 어별성교 : 고구려 주몽(朱蒙)의 전설에 나오는 고기와 자라로 된 다리

두어 톨 이슬로도

두어 톨 이슬로도 얼굴 씻고
함빡 웃는 저 들꽃처럼 오늘을 살자

한때 아버지 올곧은 생각, 회오리에
몹-쓸 전염병은 재 너머 구말장터
아니 소태 같은 병영까지도 게정이지만
지금 우리 육 남매 어머니 곁,
어디서나 애채이지 않겠는가

오늘의 내가 말수[言數]를 접고
부릅뜬 눈빛만으로 서지 않음은
언제나 하늘은 파랗지 않다는 걸, 이제는
어린 우리 아이들에게 말할 수 있음이라

몰아치는 비바람이 어찌 겨울엔들 없겠는가
어느 진창 가플막에 놓일지라도
글 읽어 새벽 여시던 아버님의 그 모습
대보름 달빛처럼 여기며

두어 톨 이슬로도 얼굴 씻고
함빡 웃는 저 들꽃처럼 오늘을 살자

참사랑

돕지로 이마를 맞대고
지새운 그 많은 밤들
입안 풋과일 아리함으로
단내, 아직은 모르나니

띠 두르고 함께한 목청들
휘몰이 장맛비 열정으로는
속살 부드러운 땅내는커녕
스쳐가는 바람이나니

굴비 타래에 쭉정이 끼어도
두 손 잡고 방끗 웃는 거기,
어린 새끼들 몸짓이어야
발길 당기는 묘약 있나니

참사랑이라는
너의 이름으로,

※ 돕지 : 앞에 여며지지 않은 긴 섶자락

게[螯]들의 행진곡

등줄기 땀방울 미끄럼 태우며
그래도 몇 사람 옹기종기 둘러앉아
공자님 말씀, 곧은 것은 좋은 것이나
예(禮)로써 갈무리하지 않는다면
박절하다는 글귀를 놓고 더듬더듬
열대야(熱帶夜)와 씨름하는데

저녁방송 9시 톱 뉴-스에
고등학교 수학경시대회에서
메달로 주변 달구었던 학생
학교는 금연(禁煙) 구역이라며
담배, 잠깐 입에 문 담임선생을
사진과 함께 인터넷에 올렸다고
첫머리 굼뉘처럼 더뻑입니다

직이무례즉교(直而無禮則絞)라고
성인은 토닥여 주는데,

※ 螯 : 집게발오
※ 絞 : 목맬교 (여기서는 박절하다)

배롱나무 아래서

창 밖에서 쏘-옥 얼굴 내민 배-롱-꽃
한 줌 미소에 첫사랑도 일렁이긴 하지만

에어컨 타령인 학생들을 뒤로하고
잡고기, 서덜 같은 모습, 퇴근녘에
누구나 떼거지 매미소리인 요즈음
한 손 엄지로, 검지 중지 약지 새끼
하나 둘 셋 세어보니 넷입니다.
그러니 사금파리입니다, 손가락이.
고슴도치 자식 사랑입니다

창 밖에 쏘-옥 얼굴 내민 배-롱-꽃
한 줌 미소에 첫사랑도 일렁이긴 하지만

※ 배롱나무 : 겉과 속이 같아 군자(君子) 나무라고 함
※ 서덜 : 생선의 살을 발라 낸 나머지

목비 같은 기쁨을

괘장스런 아이들 챙기느라 때를 넘겨
급식소에서 풍겨오는 한 줌 기름 냄새에도
창자를 뒤흔드는 토요일 오후,
방과 후 지도에 눈길 한 번 흘릴 수도 없는
원어민도 아닌 뽀-오얀 영어 선생으로부터
날카롭게 튕겨오는 말소릴 뒤로하고
교문을 나서려니 어느 누구인가
자동차 먼지를 말끔히도 털어 놓았구나
오락가락하는 정신 다문다문 추스려
배시시 웃기만하는 강 건너 아주머니
자비를 베풀었구나, 이 시대엔.
바사기한 사람만이
바사기한 사람들만이
목비 같은 기쁨을 나누는구나

※ 목비 : 모낼 때 한 차례 오는 비
※ 괘장스런 : 딴전 부리는
※ 바사기 : 덜 된 사람

발 띤, 혁신도시야

양짓말 마당가 맷방석엔
누이의 그 따스함이 묻어난
두어 톨 돼지감자가
아직도 별빛 아래
가슴 스러내고 있는데,

번갯골 논빼미
이무기 산다는 그 웅덩이에
얼기미질 손길 손길마다
엉아들 호박꽃 웃음
배시시 일어나는데,

오늘 아침
함박산 등성이 타고 앉은
저 당돌한 햇덩이가
미래로 세계로를 외치며
찬란한 깃발, 등에 꽂고
치고 달리는 아우토반 거리
샅바도 없는 씨름판으로

힘줄 돋구네
힘줄 돋구네

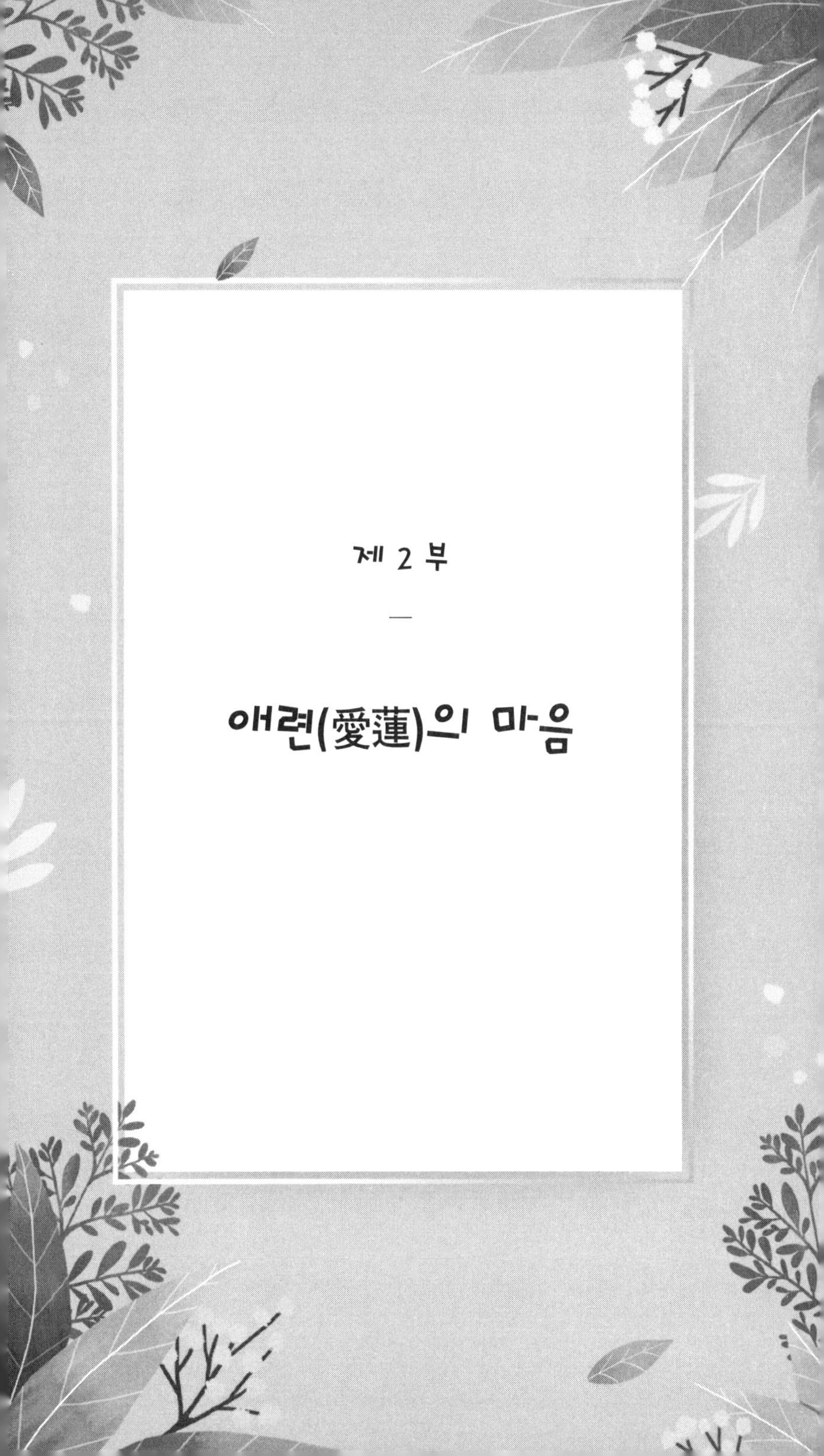

제 2 부

—

애련(愛蓮)의 마음

비비추꽃

담장 아래,
웅달져 눅눅한 허리를 깔고
마지막에 나서는
체조선수 모양으로
연보라 초롱을 내
다랑귀로 서서
화수분 같은 아침을 여는구나

줄기 곧고 가지 지지 않아
시원스런 네 등줄기엔
아슴한 가슴 녹여 낸
동학농민, 새카만 눈동자를
소로시 쟁여
새날을 위해 엮어 놓았구나

오도카니,

어루쇠 왈(曰)

툭 불그러진 몸뚱아리였지만
선불리 속내 보이지 않고
뚝심으로 섰던 나는
아사달 같은 세공(細工)이거니 여겨
허락한 새색시 첫날밤이 부끄러워

먼지, 틈만 나면 뒤집어쓰는데

경비 욕쟁이 아저씨는 새벽마다
한 사발 따뜻한 밥도 못 먹고
입-만 벌리면, 어제 오늘이 다르고
머리카락 곧추세워
출근하는 나리님 위해
닦-고 또 닦-네, 언제나 그렇게.

※ 어루쇠 : 쇠붙이를 갈아서 만든 거울

소록도

동짓날, 바람도 숨을 재우는
수탄장(愁嘆場) 산모퉁이 길

까닭 모르며 받은 천형(天刑)의 몸뚱아리
터지는 절규로 하소연-타 지쳐
누구를 원망하며
누구를 저주하겠습니까
그저, 강아지 한 마리 친구 삼은 날을
탑으로 쌓아 기념하면서
한조각 싸늘한 구름으로나, 그날의
감금실(監禁室) 단종실(斷種室) 뒤뜰을 떠돌며
핏빛으로 토해 낸 동백도 아닌
하야디 하얀 산다화(山茶花)로
몸을 뒤틀 뿐입니다

돌아서는 길손에게
결딴 난 손가락 감추고
한센병원 양지녘 팔손이나무로
괜찮다고
괜찮다고
웃고나 있습니다 그려,

※ 수탄장(愁嘆場) : 1950~60년대 소록도에 격리 된 한센병자를 찾아 온 가족들에게 전염이 염려되어 일정한 거리를 두고 만나게 했던 장소

秋夕 前夜曲

도리원 실개천은
소핵교 계집애들 마냥
재잘대며 굴러가는데

게슴치레 눈뜬 달빛 아래
곡마단(曲馬團) 난쟁이보다도 오늘은
오토바이 숨결 잘도 고르거늘, 덕무니벌
그날의 코스모스 후예(後裔)들
웃음을 삼키다 말고 토하네

신라 땅 전설이 앙금처럼 깔린 말머리[馬頭]
그 여운(餘韻) 지피기나 하듯
한 집 두 집 불은 꺼지는데
또 다른 설레임 보듬어 안고
한 줄기 바람으로 섰다

보조개 매달린 그리운 얼굴
따뜻하게 와 닿던 손 김
뒤척이던 밤잠, 몽땅
달빛 아래 내동댕이쳐 보지만
달걀귀신 마냥 그림자를 느리며 따라 붙는다

내일은 추석이란다
시방은 달빛만 흐트러진 밤이란다

※ 도리월 : 충북 진천군 초평면에 있는 시냇가
※ 덕무니벌 : 진천 평야의 별칭
※ 말머리 : 김유신 장군과 천관녀와의 사연으로 붙여 진 진천군 초평면에 있는 마을이름

우암동 877번지

만남이야 어쩌면 스치는 바람일지도 모른다

한 알의 열매도 잉태치 못하나 무슨
관공서(官公署) 뜰에라도 선 것처럼
우쭐 머쓱한 우암동 877번지
저 은행나무만큼도 우리는
서로를 잘 안다 말할 수 있을까

이익만을 향해 치닫는 벼랑 끝에서
닭 울려 새벽 알리고
해바리기 굳은 손으로
기와 조각 들고 오셔
제기(祭器) 닦으시던 그 모습, 오늘
가슴 깊이 슴베처럼 부둥켜안고
드레의 장을 열자 그리하여
검푸른 바위 돌 사이는 어디에나
연분홍 진달래 흐드러짐도 알자

새 둥지 튼 그대들이여
더러는 튕겨진 날들도 있으리
허나, 조급히 결과만을 고집하지 말고

바라보는 그 눈빛만으로도 당당히
서로의 뽀짱을 이해 하자구나

오늘은 일가친척 모두 모여 웃음꽃 수놓는
즐거운 잔칫날이란다

※ 슴베 : 칼 등의 자루 속에 들어박힌 부분
※ 드레 : 인격적으로 점잖은 무게
※ 뽀짱 : 속에 품은 꿋꿋한 생각

또 다른 강넘이가 있다네

강을 건너 주었다네

아이 들쳐 업고 보따리 인
불쌍한 백성 차마 볼 수 없어
너무너무 사랑한다 하여
통나무 다리 하나 놓지 않고
굽신굽신 감읍된 모습에 달콤해
매일매일 강가로 달려갔다는
춘추 정(鄭)나라, 자산(子産)이란
정치가가 있었다네

맹자께서 나라 일에는
경중(輕重)이 있고
선후(先後)가 있고
보여 줄 수 없는 큰 마음도 있다고
한소리 하였다네

이에, 쥐오줌 얼룩진 책 속
까마득한 옛날이야기라고
새 이론 포퓰리즘엔 고수(高手)라고
우세 받는 노조공화국 아르헨티나는

결코 뒤따르는 것 아니라고
울뚝밸 얼굴, 다 감추지 못한
새천년 한반도 토렴 같은 사공은
주례방송(週例放送)으로

강을 건너 준다네

※ 우세 : 남에게 받는 비웃음
※ 울뚝밸 : 화를 함부로 벌컥 내는 성미
※ 토렴 : 찬 국수를 뜨거운 국물로 데우는 것

여리들 팔딱이는 이 아침에

우리마을 어귀에 전봇대 뒹구는 공터
귀를 곧추 세운 누렁이 두 마리는
모퉁이 나누어 밤을 지새웁니다

새벽, 산책길에 아는 척 그리하여도
꼬리 한번 흔들지 않고 어디
특사라도 호위하듯 꽂꽂하더니
소박(疏薄)에, 차려 줄 밥상도 없는 아낙이
분신(分身)처럼 챙겨 둔 강아지 한 마리
어떻게 낌새라도 챘는지 보았는지
쇠사슬에 목젖 터지도록 비라리입니다

갈대는 갈대끼리
참새는 참새끼리

피라미 같은 여리들 팔딱이는 이아침에
장성(長成)으로 유유상종(類類相從)입니다

※ 여리꾼 : 지나는 손님을 끌어 물건을 사게하는 사람들
※ 비라리 : 구구한 말로 무엇을 청하는 것

박하사탕 입안으로

하나 둘 불꽃숭어리 터트려
기지개 켜는 아파트 앞길
이따금은 쌩쌩이는 자동차에
음찔음찔 몸 도사리게 하는데
어린날, 아버님 따라 나섰던 길
들머리에서 어르신 첫밝이라고
질러 갈 수 없다고 비켜서서
솔봉이로 앞길 열어 주시던
부엌, 막사발 닮은 아주머니 같은
할머니를 만났습니다
박하사탕 입안으로 만났습니다
뱃사공만 너울너울 솟아있는
새천년 이 벽두에,

※ 숭어리 : 열매 따위가 모여 달린 덩어리
※ 솔봉이 : 나이가 어린 촌티나는 사람

한가위, 고향 가는 들녘에

따사한 햇살에 부벼
똘똘한 얼굴 고만고만하게
한가위, 고향 가는 들녘에서
곡예사 메뚜기 풍년가 뛩-기는
노서방네 그 잘난 논배미

끝자락 작달비에
벼 포기 더러는 넘어지는데
혼자는 허벌나게 억울하다고
멀쩡한 친구까지 손목 잡아 채
움벙으로 허방스레 누웠구나

어여 그렇지
외톨이로 쓰러지는 모습이
안쓰럽기도 할-거지, 그럼
南怡(남이)로 더러는 고꾸라져야
사촌이 땅 사면 배 아픈 후손으로
체면(體面)이 서지

낱알 쟁여
터지도록 감아 들여도 모자란
이 감빛 가을, 한가위 날에

※ 남이 : 조선 세조 때, 병조판서를 지낸 사람으로 유자광의 모함으로 억울한 죽음을 당함

비빔밥을 앞에 하고

코를 후리치는 요란함도
혓바닥 들끓어 놓는 호들갑도
아니어서 더욱 좋다
하늘이 주는 조화를 한껏 담아 낸
손바닥만한 가양의 텃밭에서
열무배추며 풋고추에 애호박이면
신명 돋구는 굿판이구나

보리톨 고추장에서
탐관오리 조병갑을 몰아낸
깃발 치켜든 동학농민의 얼굴도
불란서 시민혁명 때, 그 함성도
잦아들어 강강술래를 치는구나

그렇지요,
자신과 이웃을 소중히 여기라는
공자님 말씀 곰비임비 부려놓은
화이부동(和而不同)의 사람과
화이부동(和而不同)의 마을과
화이부동(和而不同)의 세상입니다

※ 가양 : 살림살이의 형편
※ 곰비임비 : 일이나 물건이 거듭 포개진 것
※ 화이부동(和而不同) : 화합을 하되 각자 개성을 갖고 있음

난초 같은 그 기품 어디에 두시고

- 敎員大學校 故 朴正道 敎授任 靈前에

저희 곁을 이리도 성급히 떠나셨군요
캐내 밝혀야 할 그 많은 문장들
구두점도 제대로 못 찍는
열쭝이같은 저희들 두고서
대지도 얼고 바람도 숨을 재우는
그믐치, 이따금 흩뿌리는 이 우무에
선생님!

월남전으로 치닫던 그 투혼의 젊음도
추성부(秋聲賦)에 넋 놓아 꼬박이로 보내고
한 잔의 차 우려 새벽 여시던
난초 같은 그 기품 어디에 두시고
그리도 많았던 이승의 들쭉날쭉한 일들
가슴 여리게 빗장 걸고 배시시 웃으시며
저희들 곁을 영영 떠나셨군요

평생을 일구시던 정신문화의 토양은
아귀다툼에 아득하기만 한데
저희들이 어찌 감당할꺼라 믿으시고
이리도 서둘러 떠나셨습니까, 우리 모두는.
말문이 막혀 우두커니 서 있습니다

명복(冥福)을 비옵니다
명복(冥福)을 비옵니다

※ 그믐치 : 음력 그믐께 내리는 비나 눈
※ 우무 : 차가운 하늘
※ 추성부 : 宋代의 문장가 구양수의 작품으로 인생의 덧없음을 탄식한 글
※ 꼬박이 : 고대로 기다리거나, 밤새우는 모양

숭렬사 앞에 서서

숭렬사(崇烈祠)는
생거진천에 있는 독립운동가
이상설 어르신 사당입니다

헤이그 그 핏빛 물결
가슴으로 쓰러 안고
아이쿠다우 공동묘지에
낯선 동양인 이준이란 이름
비목(碑木)으로 꼽아 놓고
꺼억꺼억 울음 삼키고 가는
북쪽하늘 기러기였습니다

북간도 연해주 그 세로(細路) 길
흙먼지 배어든 보따리에
눈동자만 껌벅이는 어린것들
배고픔보다는 깨우침이 먼저라고
마음, 상서롭게 덖는다는 학교
서전서숙(瑞甸書塾)을 열었습니다

그리고 결결이 그 모진 바람
한 가닥 홑적삼으로 견디다
마지막 외마디 말씀
몸뚱아리는 불태우고
향도 제사도 손사래치고
는개에 우는 시베리아 땅
아무르강, 끌탕새 되어
안녕을 빕니다

담쟁이 아저씨는

백두대간 줄기를 타고
남으로 남으로 치닫다가는
소백(小白)의 끝자락에 와서
55번 중앙고속도로에 가슴팍을
헹-그러니 내어 준 상처투성이로
저 벽면, 황량히 사막이 된 그곳에

담쟁이 아저씨, 떼거지 중공군보다는
지는 게 이기는 거라는 마음도 깔아
신라적 솔거의 황룡사 그 소나무도
먼 바다 건너 밀레의 저녁 종소리도
수천 개 조막손, 잎-새로 몸짓으로
개인전 펼쳐 놓고 쑥스럽다고
살래살래 웃고나 있습니다
바보처럼 바보인 것처럼

사면초가(四面楚歌)를 부릅니다

같은 모양 자동차를 탄다고
왼손잡이라는 이유만으로도
한 묶음 반가운 인총(人叢)이 되어
후벼 파 뻥 뚫어 펼친
산업도로까지 자리 깔고 앉아
울긋불긋 깃발 찬란히 찬란히도
독도(獨島)는 우리땅이라고
외치는 이 아침

경기도 고양시 박병식 노인은
군덕-내 가늘디 가늘게 깔린
고려장 같은 아파트 구석에서
온몸에 조각조각 파스 매달아
신종(新種) 백결 선생 모습으로
돋보기에 확대경(擴大鏡) 들고
일본고서(日本古書) 헤집어
사면초가(四面楚歌)를 부릅니다
또박또박 부릅니다
둥근 원으로,

※ 일본고서 : '大日本地名辭書'로 1900년 3월 31일 일본 사학자 요시다도고(吉田東伍)가 발행한 책인데, 독도는 한국 땅이라고 기술하였음

대성정(大盛亭)이여

퇴계의 숨결 배어 든
녹색 쉼표, 단양에 오면

태백 준령 골짜기 타고 내려와
소백의 자스락, 남한강가에서
온달의 우직한 마음 씀과
애민(愛民)으로 조선을 닦은 삼봉(三峯)이
눈, 부릅뜨고 지켜보는 곳. 여기는
대성정(大盛亭) 활터입니다

할머니 항아리 속, 장아찌 모습으로
세월을 덖는 한무리 사내들이, 결결이
습사무언(習射無言)에
정심정기(正心正己)로
미는 줌손과 당기는 깍지손 하나 되어
한톨 탱탱한 게염도 시푸른 하늘로
쏘아 올립니다

퇴계의 숨결 배어 든
녹색 쉼표, 단양에 오면

삼보정(三寶亭)에 서서

삼보정(三寶亭)은 활터입니다
세 가지 보물이 나는 땅이라는 데서
이름을 얻었지요. 두타산 동녘뜰에서

하얀 손수건이 훈장이었던 입학식 날에
언니 오빠 그리고 선생님, 솜사탕 손길마냥
한 줄도 당기지 못하는 신사(新射)를 위하여
입안 가득 먹이 물고 돌아 온 어미새입니다

저만치 정염(情炎)으로 타오르는 마음을 녹여
사리(舍利) 같은 홍심(紅心) 가슴팍에 토해 놓고
고혹(蠱惑)스레 쏘아나 보는 과녁 삼형제는
항심(恒心)에 경전(經典)입니다

한 발의 화살에도
하늘[天]의 조화와 대지[地]의 베풂과
마음 추스르는 사람[人]으로 덖어져야
벙그레한 부접에 향기로 묻어나는
어른이 됩니다 삼보정에서는,

※ 고혹 : 마음이 쏠리게 하는 것
※ 부접 : 남을 따르게 하는 부드러운 성질

두타산을 오르며

태백의 줄기 타고 내려와
차령(車嶺) 동녘뜰에
자비의 부처 비스듬히 누워 솟아
옷깃 골짜기마다 진주알 묻어두고
나그네 그 누구라도 마다않고
이마의 땀방울 흙손으로 훔치며
빼드랑 이[齒] 함빡 웃어
가족입니다

오르는 길, 영수사(靈水寺)
가뭄 단비로 소문 자자한 괘불에
스님의 낭낭한 독경소리
한 줌 시름도 내려놓고
초콜렛 응갯돌 붉은 길은
하나 되길 염원했던 신라,
화랑의 발길 숨결 배어든
가슴입니다

산마루, 군상(群像)의 소나무들
출렁이는 세사(世事)를 달래며
아랫마을 지산서원(芝山書院)

학동 글 읽는 소리에 몸짓 영글어
속내를 살찌운 보짱아비로
반갑다 악수를 청합니다

※ 두타산 : 충북 진천군 초평면에 있는 산
※ 응갯돌 : 큰 자갈돌

꿈마을[夢村], 은행나무 앞에서

할배의 등줄기로 언제나
용무늬 황금비늘 덕지덕지
추임새로 몸짓하는 너는,

엇가는 광해주 그 비수를
온몸으로 감내하고 뒤돌아
겅중이는 처용의 발걸음으로
너-털 웃음 그 애잔함도 보듬어
현몽(現夢)으로 자리한 마을에,

웅덩이 파고 물줄기 대어
순채 풀이나 몇 점 띄워
명아주 비름나물 창자로
공명(功名)을 세월에 묻고 일어선
천년, 학으로 선비 된 파수꾼이여

※ 꿈마을[夢村] : 충북 진천군 덕산면에 있는 마을로 조선조 광해군 때 사화를 피해 벼슬을 버린 채진형(蔡震亨)이 꿈속에서 점지해 준 땅에, 방죽을 파고 식용인 순채를 기르고 자손을 위해 은행나무를 심었는데, 그 나무는 지금도 위용있는 명물로 마을을 지키고 있음.

다시, 팔상전 앞에서

무시로 매실 풋-내-음
솜털 이마에 돋던 날에

팔뚝 같은 글씨 현판(懸板)으로
깨트릴 팔(捌), 삶을 상(湘), 눈 부라리고
세속을 털어내라는 팔상전 국보 앞에서
어깨 감싸며 올 찬 약속했었지
무슨 빛, 드리우겠다고
역주행으로

오늘은 희끗희끗 해감 머리에 이고
저, 자-잔한 목탑 그림자 쯤, 마음으로
언제나 도금한 금빛 뱃지(badge)를 달고

엷은 미소 우애 삼아
개염도
첫사랑도
모개로 내려놓는다

※ 팔상전(捌湘殿) : 국보 55호로 충북 보은 속리산에 있는 5층 목탑
※ 해감 : 물에 생기는 하얀 찌끼
※ 개염 : 샘하여 탐내는 욕심
※ 모개 : 한데 몰아서

彌勒寺址에 서서

잼처 솟은 향연(饗宴)인가
피 딱지 아직은
덕지덕지 감고
아릿한 통일신라의 하늘에서
온-고집 조선의 벌판까지
그리도
쓸어안던 가슴이더니, 오늘은
선 새경에 웃음 짓던
우리 집 머슴 천서방처럼
선화공주에게 다하지 못한
서동(薯童)의 말도 바람 삼아
햇살 가-득
빗장 풀었구나
빗장 풀고 말었구나

磨崖佛 아래서

꽃가마보다도 고운, 자연을
닮기라도 하려는 옷차림으로
산행 길에 올랐다, 친목을 위해

쉬어 가는 길모퉁이, 잠시
손끝에 잡힌 배낭 속, 손톱깎이 들고
쏘-옥 자아란 놈 다듬자니
어디서 나타났는지 개미 한 마리
제 몸에 배(倍)도 넘는
깎인 조각, 하나 입에 물고
엎어지고 넘어지며
방향도 잡지 못한 채
무슨 황금이라도 물은 듯
부산스럽구나

비바람에
얼굴조차 희미한 마애불은
오롯이, 내려다보는데

제 3 부

삼동의 밤에

白蓮寺夜(백련사야)

深夜秋月捿庵子(심야추월서암자)
老僧斷唄木鐸啞(노승단패목탁아)
風波磬聲爲惇友(풍파경성위돈우)
塵世紆心吐破摩(진세우심토파마)

(깊은 밤, 백련사에서)
깊은 밤, 가을달은 암자에 깃들고
노승의 독경 목탁소리도 끊겼는데
바람결에 풍경소리 친근한 벗이 되어
속세에 얽힌 마음 꺼내 어루만지누나

吟於三冬深夜(음어삼동심야)

三冬深夜友滴聲(삼동심야우적성)
冷冷客房臥抱膺(냉냉객방와포응)
千里忠州戀食率(천리충주연식솔)
壁中曆表抽土暢(벽중력표추토창)

(삼동의 밤에)
삼 동 깊은 밤, 빗방울 소리 친구되어
냉기 도는 하숙방에서 웅크리고 누워
천리 밖 충주 땅, 가족들을 그리며
벽, 달력에서 토요일만 세어보네

吟於校庭(음어교정)

太陽迎送中校庭 (태양영송중교정)
稚子一錢易笑容(치자일전이소용)
食率相面如七夕(식솔상면여칠석)
白髮老境豈一恐(백발노경기일공)

(교정에서 읊다)
태양을 맞고 보냄이 교정 속에 있으니
어린 것 한 푼 돈에 헤프게 웃는구나
식솔들의 만남 마치 칠석날과 같음에
백발 늘그막에 어찌 근심치 않을거나

吟鄕校(음향교)

電製家家無不煌(전제가가무불황)
自車途途有多聲(자거도도유다성)
只開鄕校數一手(지개향교수일수)
雲霧遊戱似城隍(운무유희사성황)

(향교에서)
가전제품은 집집마다 자랑스레 번쩍이고
승용차는 길길마다 몰려 나와 빽빽한데
다만 향교의 문은 무겁게 닫혀져 있으니
구름의 무리만 놀고 가는 성황당 같구려

吟懷於鄕庭(음회어향정)

油燃溫房無猛冷(유연온방무사냉)
自車助步有便行(자거조보유편행)
層宇間下被老月(층우간하피노월)
鄕庭黃席戀談哄(향정황석연담홍)

(고향을 그리며)
기름 태워 방 덥히니 매서운 냉기도 없고
자가용은 통행의 불편 쉽게 덜어 주지만
빌딩 숲 사이로 내린 자잔한 달빛 아래서
고향 땅 멍석마당 도란대던 얘기 그립구나

暮秋之日(모추지일)

農土不耕好賣買(농토불경호매매)
人遇柱式起談諧(인우주식기담해)
少時後庭懷柹摘(소시후정회시적)
破紅一擁下幼孩(파홍일옹하유해)

(저무는 가을날에)
농토는 갈지 않고 사고팔기만 좋아하며
사람마다 모여 주식 얘기로 꽃 피우는데
어린 날 뒤꼍, 감 따던 날 아련히 그리며
파치 한 아름 어린것들 앞에 부려놓는다

吟八月未望(음팔월미망)

乘表不誦朋國校(승표불송붕국교)
譁歸妻子花鄕路(화귀처자화향로)
微軀掩目釣虛江(미구엄목조허강)
父莅端嚴覺母勞(부리단엄각모노)

(추석 전날에)
구구단도 외우지 못했던 소학교 때 친구들
처자 앞세워 돌아오는 귀향길, 꽃밭이로세
눈 감고 스산한 강가에 낚싯대 드리우며
先親의 당당함이 어머니 손길임을 알겠네

庚午之秋日(경오지추일)

側人空席曇由緣(측인공석담유연)
茶姫輕談裏回旋(다희경담리회선)
開馬駔傳接東明(개마장전접동명)
不如小雀似儡身(불여소작사뢰신)

(경오해의 가을날에)
교무실 옆자리가 종일 비어도 그 연유를 모르고
다방 아가씨, 껌 씹는 이야기 같은 오가는 말에
연암 선생의 마장전 펼쳐 새벽 맞는 모습, 흡사
저문 가을녘 참새도 쫓지 못하는 허수아비 같네

吟於校庭一日(음어교정일일)

複道濃唾笑驕臥(복도농타소교와)
試驗敏眸輝星座(시험민모휘성좌)
白白黑黑畢勒說(백백흑흑필근설)
短車爲紙成景畵(단거위지성경화)

(어느 교정의 하루)
복도엔 가래침들 뻔뻔스레 누워 웃고 또 웃으며
시험 때 눈동자 재빠른 아이들 부끄럼도 모르니
흰색은 희고 검정은 검다고 힘겹게 설명코 나니
작은 승용차에 부르지도 않은 풍경화만 걸려있네

吟辛未之秋(음신미지추)

萬坪旅宇稅一千(만평여우세일천)
舞依直感蠅人觀(무의직감승인관)
童好燻製誨淸麴(동호훈제회청국)
東塞蟠途若軍輪(동새반도약군륜)

(신미해 가을날에)
수천 평 호텔의 한 해 세금 단지 천원이고
촐랑이는 자들, 목숨 하찮게 여기는 속에
쏘시지 세대에게 청국장 맛 알려 주려니
동부전선, 산악 길 오르는 군용차 같구나

吟於癸酉初冬(음어계유초동)

寒枝落葉遊風賓(한지낙엽유풍빈)
柯柯無有敎四選(가가무유교사선)
蘂城悉土如夜市(예성실토여야시)
豈爲跛人減岑峻(기위파인감잠준)

(계유해, 겨울을 맞으며)
겨울 나뭇가지엔 잎이 지니 바람이 와 놀고 있는데
가지마다 아무 것도 없다고 사지선다로 이르는 것이
꽃술같이 아름다운 충주, 요란스런 야시장 같구려
절름발이 오른다하여 산이 높이를 낮추어줄 거나

吟於戊寅秋節(음어무인추절)

暖春敎室嫁童蘭(난춘교실가동란)
風秋今日化石散(풍추금일화석산)
始終如逸覺此場(시종여일각차장)
若向日花爲桀犬(약향일화위걸견)

(무인해, 가을날에)
새 학기 따사롭던 날 교실로 보내온 난 한 송이
찬바람 이는 오늘은 화석으로 뒤 켠에 누웠네
한결같음 일깨워 주어야 할 이 신성한 교실에
맹목으로 선 해바라기처럼 桀犬吠堯일세 그려

※ 向日花 : 해바라기
※ 桀犬吠堯(걸견폐요) : 暴君인 걸왕의 집 개가 聖君인 요임금을 보고 짖는다는 것으로 주인밖에 모르는 어리석은 사람을 비유함

吟夜於落桐葉(음야어낙동엽)

紅爐熱氣說傷害(홍로열기설상해)
接手然後孩子解(접수연후해자해)
桐葉直飛伴蟀聲(동엽직비반솔성)
嶺途上下諭自垓(령도상하유자해)

(오동잎 지는 밤에)
화롯불에 몸 상할 수 있음을 힘껏 일러 보지만
손을 데이고 나서도 어린것은 갸우뚱 하네
오동잎 귀또리 어우러진 깊은 가을밤에 다시
고갯길, 오름에 한 발짝도 스스로라고 이르네

吟於霜降之朝(음어상강지조)

管內行事休日去(관내행사휴일거)
未穫甘藷官舍畬(미확감저관사사)
霜降之朝扮皤葉(상강지조분파엽)
帶叱親舊幄手掣(대질친구악수체)

(상강날 새벽에)
지역 이런저런 행사 참석에 휴일도 잊어
거두지 못한 관사 모퉁이 고구마밭 가득
상강날 아침에 잎새 하얗게 분칠을 하고
질책도 담아 옛 친구처럼 악수를 청하네

吟於魚上川面(음어어상천면)

三台山畬湧水瓝(삼태산사용수박)
任縣川田棲蒜六(임현천전서산육)
義儒擲墟呀稚燕(의유척허하치연)
坊消兒鳴閉校學(방소아명폐교학)

(어상천면에서)
삼태산 아래 따비밭엔 수박들 얼굴 내밀어 뒹굴고
임현천 석회밭엔 육쪽마늘 알차게 뿌리내리는 이곳
의로운 선비, 땅을 내어 어린제비인 양 글을 읽었는데
동네마다 아이들 울음소리 사라지니 학교가 문 닫네

제 4 부

—

백두산에 올라

吟於蘆花島(음어노화도)

汝問消息高虛答(여문소식고허답)
蘆花虧月低海浥(노화휴월저해읍)
天地濃夜有蟀聲(천지농야유솔성)
何時與居談南澀(하시여거담남삽)

(노화도에서)
그대에게 소식을 물으나 대답은 없고
노화의 달, 바다 속 깊이 누었는데
귀또리 더욱 천지를 사정없이 흔드네
언제나 돌아가 이곳 섬 이야길 할꼬

上雪岳大靑峰(상설악대청봉)

雪嶽掃雲敍楓楓(설악소운서풍풍)
壑與峰裏揷衆衆(학여봉리삽중중)
大靑星邦燈戶戶(대청성방등호호)
恐龍刺蹊芧徑徑(공룡자혜서경경)
天上怪巒似佛燭(천상괴만사불촉)
地下稜線裳鄕娘(지하능성상향낭)
枯臥親鼯遊咫尺(고와친오유지척)
向於塵世重踏跫(향어진세중답공)

(설악산 대청봉에서)
구름 걷힌 설악 단풍은 한마당 어우러져
골짜기 봉우리엔 단풍객들 찾아 스며들고
대청봉 별나라엔 집집마다 등 내어 걸고
공룡능선 오르는 소롯길엔 도토리 축제
하늘 찌를 듯 솟은 봉우리는 법당 촛대 같고
아래로 흐르는 능선, 시골 아씨 치맛자락여라
고목은 눕고 친근한 다람쥐 다가와 인사하네
속세로 향하는 발자국은 무겁게만 느껴지네

上於月岳山(상어월악산)

氷板靈峰上索力(빙판영봉상삭력)
霧呑月岳開仙域(무탄월악개선역)
朴言素容煦誕日(박언소용조탄일)
巒下廢屋談柹核(만하폐옥담시핵)

(월악산을 오르며)
빙판 길 영봉을 밧줄로 친구 삼아 오르매
안개, 월악을 삼켜 신선의 세계로 드리우고
질박한 말, 소박한 얼굴, 성탄절에 더욱 빛나는데
산 아래 인적 끊긴 오두막엔 홍시만 두런대네

智異山(지리산)

智異噴霧藏威容(지리분무장위용)
諸峰上下不崛矜(제봉상하불굴긍)
莞爾躑躅似訶譏(완이척촉사가기)
一舌玩語洽重悚(일설완어흡중송)

(지리산에서)
지리산은 안개를 품어 그 크낙한 위용을 감추고
오르고 내리는 봉우리 높은 산임을 자랑치 않네
빙긋 웃어 반기는 철쭉은 속인을 꾸짖는 듯 하매
얄팍히 촐랑였던 말들 때문에 거듭 부끄럽구나

上於點鳳山(상어점봉산)

點鳳矮樹角刼風(점봉왜수각겁풍)
鑄錢楓宴成市盛(주전풍연성시성)
濃然山味感至今(농연산미감지금)
白髮一者出笑容(백발일자출소용)

(점봉산을 오르며)
점봉 난쟁이 나무들 바람과 씨름하고
주전골 단풍 잔치에 사람들 모여드네
짙은 산(山) 맛, 이제사 느낄 만한데
흰 머리칼 웃는 얼굴로 뛰어 나오네

吟於鷄鳴山(음어계명산)

上於鷄鳴遮天鱗(상어계명차천린)
一幅蘂城似婢裙(일폭예성사비군)
遠處南江只臥流(원처남강지와류)
歸路細蹊弄葉田(귀로세혜롱엽전)

(계명산에서)
계명산 오르는데 눈송이들 길을 감추고 또 잡네
한 폭으로 펼친 충주 땅, 얼룩진 치마 자락이여
저 멀리 남한강은 다만 누워 말없이 흐를 뿐인데
돌아오는 소롯길엔 가랑잎들 미끄럼 태워주네

吟於佛影溪谷(음어불영계곡)

叫呼溪水似羅兵(규호계수사라병)
額接與語無耳馮(액접여어무이빙)
天施圓岩烏鵲橋(천시원암오작교)
瞬間星下邇黎明(순간성하이여명)

(불영계곡에서)
계곡 물, 소리쳐 흐름이 통일신라군의 함성 같아
이마 맞대어 주고받는 말, 귀론 다 들을 수 없고
하늘이 베풀어 준 둥근 바위는 필시 오작교일진대
어느새 별들 가까이 내려 와 놀더니, 날이 밝았네

上於霧岩寺(상어무암사)

紝時若童上霧岩(임시약동상무암)
趨來鳥鼯顔忸染(추래조오안뉴염)
庵前奇巖掛霓情(암전기암괘예정)
歸路碧沼沾爾心(귀로벽소첨이심)

(무암사에 오르며)
짬을 내어 어린애처럼 재잘대며 무암사를 오르는데
이름 모를 산새 다람쥐들 달려와선 얼굴만 붉히고
암자 앞 다정한 바윗돌에 무지개 같은 맘 걸어 놓고
돌아오는 길, 저수지 그 푸른 물 그대 마음이어라

吟於白頭山頂(음어백두산정)

無墓異國旋千郭(무묘이국선천곽)
不白頭名登長白(불백두명등장백)
料量白楊笑擧手(료량백양소거수)
天池衾霧掩靈角(천지금무엄령각)

(백두산에 올라)
무덤도 없는 이국 땅, 멀고 먼 길로 돌아
백두의 이름이 아닌 장백으로 오르자니
요량으로 선 백양나무 손들어 반겨주는데
천지는 안개만 뒤집어쓰고 모습을 감추네

上於覺淵寺(상어각연사)

向山寺峽途礫遊(향산사협도력유)
自車快走不齬誤(자거쾌주불오유)
何赶到庵談腱踔(하간도암담건탁)
奚加益烘爲青甀(해가익홍위청추)

(각연사를 찾아서)
인적 드문 산사로 가는 자갈 깔린 좁은 길에
자가용들 질주해 인사하는 다람쥐도 모르고
어떻게 도착했는지만 힘줄 돋궈 말하는구려
더욱 불만 지핀다고 청자가 제 빛 드리울거나

吟於麻谷寺(음어마곡사)

快車溫陽無赤燈(쾌거온양무적등)
軼向麻谷隱名咏(일향마곡은명영)
庵後裸木喑柿柿(암후나목음시시)
拾有十歲汝之膺(십유십세여지응)

(마곡사에서)
온양으로 달려가는 마음, 빨간 신호등도 파랗게 보이고
마곡사길 잔잔한 Drive엔 명곡도 살포시 숨을 재우네
암자 뒤란, 가지가지 마디엔 알몸 홍시들 벙어리 되니
이는 십년 또 10년을 애태운 그대의 발그레한 마음일거나

吟於天子山(음어천자산)

披雲索車登天山(피운삭거등천산)
四方千仞怪崢樊(사방천일괴쟁번)
侵犯賀龍展公園(침범하용전공원)
童呌千圓覺續戰(동규천원각속전)

(중국 천자산에서)
구름을 뚫고 케이블카로 장가계 천자산엘 오르니
사방은 천 길 높게 괴이한 봉우리로 울타리를 엮었는데
한국동란 주범 '하룡'은 영웅으로 그곳에 공원을 열고
아이들 '천원'이라 떼씀은 아직도 전쟁 중임을 실감켔네

上於天門山頂(상어천문산정)

吳國傳說昇天門(오국전설승천문)
空飛索車壹時間(공비삭거일시간)
千階香壇燒家意(천계향단소가의)
天心感泣答霓群(천심감읍답예군)

(중국 천문산을 오르며)
춘추전국 오나라 전설이 깔린 하늘나라 천문산엘
비행기 같은 케이블카로 한 시간이 넘도록 오가면서
천개의 계단 앞, 향단에 가족 소망을 한곳에 담으니
하늘도 마음으로 감읍하여 오색 무지개로 화답하네

北京頤和園之日(북경이화원지일)

去來細雨抱頤和(거래세우포이화)
延邊飢娘半韓話(연변기낭반한화)
猊馬同體物神性(예마동체물신성)
問四奇書要答剌(문사기서요답자)

(북경 이화원에서)
오락가락하는 가랑비는 수렴의 산실였던 이화원을 감싸는데
돈밖에 모르는 가련한 연변 아가씨는 받침 빠진 한국말로
사자머리에 말다리인 동상이 참으로 신성한 물건이라더니
또 다시, 중국의 4대 기서(奇書)를 묻고는 대답을 다그치네

上於丹陽斗岳山(상어단양두악산)

義擧七九攀學幹(의거칠구반학간)
葛乘松杌怍紅顔(갈승송올작홍안)
鹽壇斗岳如北星(염단두악여북성)
四方連峰揖恒身(사방연봉읍항신)

(단양 두악산을 오르며)
학생의거 79 돐, 간부 학생들과 나선 산행 길
소나무 타고 오르던 칡넝쿨은 얼굴 붉히는데
소금제단 두악은 뭇별들 거느린 북극성 같아
손잡은 봉우리들 불변에 몸짓으로 인사를 하네

■ 시평

주름과 그늘

문학박사 김 영 대

Ⅰ. 들어가는 말

옛날 우리 판소리의 귀 명창들은 좋은 소리를 들으면 "'그늘'이 있다." 라고 했다. 그늘이란 아픔이란 말로 표현할 수 있는 삶의 고통을 의미하는 것이다. 그리고 그 결과물로 '주름'이 생기게 된다.

삶의 그늘은 그것이 긍정적인 방향이든 부정적인 방향이든 삶에 영향을 미치게 되며 주름의 모습으로 표현되는 것이다. 전통적인 소리꾼들의 경우 명창으로 길러내기 위해서 일부러 한(恨)을 소리꾼의 가슴에 심기도 했다. 우리가 잘 아는 '서편제'에서도, 딸이 명창이 되기를 바라는 아버지 유봉은 딸 송화의 가슴에 한(恨)을 심기 위해 딸을 맹인으로 만든다. 이때에 송화의 가슴에 응어리 진 한(恨)은 그늘이며 그의 소리가 곧 주름이다.

가슴에 품은 한을 미학적으로 승화시킬 때 명창이 나고 명인이 나고 불후의 명작이 나는 것이다. 좋은 평가를 받고 있는 많은 예술가들의 삶이 속칭해서 말하는 '평범함'과 거리가 있는 것과 결코 무관하지 않다. 그들의 가슴에 그늘이 드리워져 있고 그 그늘을 예술 행위로 풀어내는 것이다. 칼 융(C. G. Jung)은 이것을 일종의 콤플렉스로 보았고 '그늘(Schatten)'이라 명명했다. 그는 예술작품에 있어서 그늘을 찾아서 심리분석의 대상으로 삼기도 했다. 그는 이를 '분석심리학'이라고 규정하고 있다. 이는 프로이트의 '정신분석학'과 상대를 이루는 개념으로 이해된다. 프로이트는 '개인의 무의식'에 대해 탐구 했다면 융의 경우는 보다 보편적이고 원초적인 차원의 '집단무의식'에 대해 집중적인 연구를 시도했다.

융의 경우에 따르면 마음은 여러 층위를 갖고 있다. 먼저 의식에 해당하는 자아가 있으며 그 아래층위를 구성하는 개인무의식이 있는데 이곳에 그가 말하는 '그늘(Schatten)'이 존재한다. 그리고 그 아래의 층위를 형성하는 곳이 바로 '집단무의식'이다. 마음의 층위가 '자아 - 개인무의식(그늘, Schatten이 있음.)' - 집단무의식의 순으로 자리한다는 것이다.

누구에게나 삶의 과정에서 아픔은 존재하며 그 아픔은 개인무의식 속에 '그늘'로 존재하는 것이다. 이러한 '그늘'은 긍정적인 작용을 일으켜 생산과 활력이 되어 주기도 하고 때로는 부정적인 방향으로 작용해 다양한 사회 문제를 일으키게도 되는 것이다. 그래서 언제부터인가 병리적인 문제들이 발생하면 그 문제를 일으키게 된 기저의 '개인 무의식'을 분석해 원인을 찾는 것이 일반화되어 있는 오늘이다. 한마디로 오늘의 결과를 만들어낸 데는 과거의 콤플렉스가 요인 중 하나로 작용한다는 것이다. 이것이 곧 '그늘이며 주름'이다. 작가들의 경우도 다르지 않다.

그늘과 주름은 생의 도정에서 작가가 지니게 된 아픈 콤플렉스이다. 작가들에 있어서 이 콤플렉스는 삶의 동력으로 작용하기도 하며 작품 생산의 동력으로 작용한다.

좋은 소리와 좋은 시에는 그늘이 드리워진 경우가 많다. 채희인 시인의 시가 또한 그렇다. 그의 시에는 인생의 여정에서 갖게 된 그늘이 있다. 그에게 있어서의 그늘은 대부분이 그의 아픈 가족사에서 기인한다. 채희인 시인은 늘 찍어 낸 듯이 반듯하고 단정하다. 그리고 언제나 웃음을 머금은 선비적인 풍모에 누가 그늘을 생각하겠는가. 그러나 채희인 시인의 시에는 아픔이 얼룩져 있고 인생의 굽이가 있고 깊이가 그늘과 주름으로 아로새겨져 있다.

II. 세계와의 대화, 그리고 아픔

1. 과거와의 대화, 가슴 에임

예나 지금이나 예술인들에게는 그들 나름의 표식이 있는 듯싶다. '주름'이 그것이다. '그늘'이 아픔을 지닌 내적 모습이라면 '주름'은 그늘이 겉으로 드러난 외적 모습인 것이다. 채희인 시인의 작품은 주름인 것이다. 그리고 그의 작품 저변에 깔려 있는 인생은 그늘인 셈이다. 인고의 산물로 이루어진 그의 작품에는 이제 넉넉함과 여유, 그리고 자유로움이 깃들어 있다. 심리적 상처가 덧난 자리이기에 섬세함이 느껴지기도 한다. 그의 예술세계가 물질주의적 세속의 절망감에 얼마나 깊이 회의하고 괴로워했는가를 알리는 한 조그만 증거이기도 한 것이다.

언제나 그런 것은 아니지만 삶에 순응하는 사람들의 경우는 과거의 아픔이 오늘을 살아내는 원동력이 되기도 하고 미래를 준비하는 자양분으로 작용한다.

한때 아버지 올곧은 생각, 회오리에

몹-쓸 전염병은 재 너머 구말장터
아니 소태 같은 병영까지도 게정이지만
지금 우리 육 남매 어머니 곁,
어디서나 애채이지 않겠는가

오늘의 내가 말수[言數]를 접고
부릅뜬 눈빛만으로 서지 않음은
언제나 하늘은 파랗지 않다는 걸, 이제는
어린 우리 아이들에게 말할 수 있음이라

몰아치는 비바람이 어찌 겨울엔들 없겠는가
어느 진창 가플막에 놓일지라도
글 읽어 새벽 여시던 아버님의 그 모습
대보름 달빛처럼 여기며

「두어 톨 이슬로도」 부분

표면적 시각과 이면의 시각 사이의 괴리와 불화, 그리고 그 괴리와 불화를 해소해 가는 인고의 과정에서 자연스레 형성된 사려 깊은 세계관은 그의 시 도처에서 발견되며 작은 틈새를 통해 그의 내면에 흐르는 심연을 들여다 볼 수 있게 해 준다. '한때 아버지 올곧은 생각' '몹쓸 전염병'과 같은 '회오리'에 육 남매와 어머니가 겪어 내야 했던 아픔이 아로새겨져 있다. 채희인 시인의 고향은 「생거진천」으로 이름난 충북 진천이다. 사람이 살아가는 데 여러모로 적절한 땅이라는 의미일 것이다. 수도권과 가깝고 내륙의 중심이며, 토지가 비옥한 곳이다. 그곳에서 조부님은 유복자로 태어나셔서 자수성가한 천석지기로 이름이 높았고, 부친은 일제 강점기 청주고보를 졸업하고 서울대학교의 전신인 수원농대에 입학하여 공부하는 등 당대 최고의 엘리트로 해방을 전후하여 고향에서 교직생활을 했었지만 이데올로기의 첨예한 대립과정 속에서 가정사에까지 회오리바람이 불어 닥쳐 가족이 겪어야 했을 현실적 어려움이 어떠했을까는 미루어 짐작이 가능하다. 그러나 시인은 유년기와 청년기를 지나며 지녔음직한 괴리감과 불화로부터 벗어나 이제 이해와 화해, 조화에 이르고 있는 것이다. 아직은 어린, 나의 아이들에게 할아버지에 대한 이야기를 해줄 수 있을 만큼 화자의 상처가 치유되었음을 볼 수 있다. 사회적으로도 오랜 기간의 대립과 충돌 이후에 얻게 된 것이고 시인 개인에게 있어서도 청년기의 방황과 고뇌 이후에 얻게 된 마음의 평정인 셈이다.

시인은 "몰아치는 비바람이 어찌 겨울엔들 없겠는가/어느 진창 가플막에 놓일지라도/글 읽어 새벽 여시던 아버님의 그 모습/대보름 달빛처럼 여기며"라고 해서 아버지에 대한 이해와 강한 자부심을 표현하고 있다. 아버지의 선택이 유·청소년기에는 아픔이며 고통으로 작용했을 터이다. 그러나 질풍노도(Strum und drang)의 격동기를 지나 이립(而立)과 불혹(不惑), 하늘의 뜻을 깨우치는(知天命) 과정을 지나 이순(耳順)에 이르는 과정에서 얻게 된 평정이며 조부의 시구에서 "風起波水不變雲滿天月無畏(바람이 물결을 일으키지만 물은 변하지 않고 구름은 하늘을 가리지만 달은 두려워하지 않는다)"를 좌우명으로 삼고 삶을 살아가는 시인의 인간적인 한 모습이기도 하다.

乘表不誦朋國校(승표불송붕국교)
講歸妻子花鄕路(화귀처자화향로)
微軀掩目一釣虛江(미구엄목조허강)

父莅端嚴覺母勞(부리단엄각모노)

구구단도 외우지 못했던 소학교 때 친구들
처자 앞세워 돌아오는 귀향길, 꽃밭이로세
눈 감고 스산한 강가에 낚싯대 드리우며
先親의 당당함이 어머니 손길임을 알겠네

「吟八月未望」 전문

고향에서 맞이하는 명절 전일에 귀향하는 옛 친구들을 보면서 아버지의 모습을 생각해 내고 있다. 아이와 아내가 화려할 수 있는 것은 가장의 노력이다. 격동의 시간을 감내하면서 얻은 삶에 대한 달관이었을까. 세월을 낚는 것으로 한세상을 사신 아버지의 모습 뒤에 어머니의 애씀이 있었음을 깨닫고 있다.

아버지와 어머니에 대한 충분한 이해를 통해서 얻어낸 시인의 산물로 고통과 인내 속울음을 바탕으로 하고 있음은 당연한 일이다.

지금은 골 패인
어머니 주름살에 흐르던 그 땀방울 기억하며
두 손 따뜻이 잡고 가슴 화알~짝 열고
그렇게 걸어가자. 그러다 그 황혼 빛 가을날엔
꼬투리마다 크게 입 벌려 알곡 쏟음도, 간각하며

「우금케 치단겠지만」 부분

어머니를 생각해 가슴 따스하지 않은 사람이 있겠는가. 시인에게 있어서 어머니는 남다른 모습으로 깊이 각인되어 있다.

"지금 우리 육 남매 어머니 곁, /어디서나 애채이지 않겠는가" (「두어 톨 이슬로도」 부분)

세상과 등지고 세월을 낚는 것으로 소일하신 아버지의 빈자리로 인해 어머니가 감내해야 했던 것은 아버지의 몫을 포함하는 것이었으리라. 아버지의 몫까지를 대신하는 어머니의 모습을 보면서 성장기를 거친 시인에게 어머니는 모성 그 이상의 절대적 의미이다. 따라서 시인은 어머니의 모습을 추억하는 것만으로도 가슴을 '화알-짝' 열 수 있는 것이고 모든 이에게 따뜻이 손을 내밀 수 있는 것이다.

알록달록한 코코 블럭
쌓고는 부수고 또 쌓는 네 곁에서
마음만은 할배적 빛깔로 드리우려하나
조합서기가 그 누구보다
더 가슴을 흩어 놓는다

에미 앞으로 된 아파트 안에서
에미 앞으로 된 전화길 만지며
다섯 해의 하늘 다 누리지도 못한 네게
허공 쳐 되돌아오는 핏줄 이야길 하곤
감당치 못하는 말꼬리
감당치 못하는 눈시울이여

「다섯 해의 하늘, 다 누리지도 못한 네게」 부분

가족이라는 울타리에 나타난 또 다른 그늘이다. 어머니와 아버지를 통해 가졌던 가슴 에임, 그리고 형제와 자식의 사이에서 가졌던 가슴 에임의 한 장면이다. 인간이 경제적 동물이라면 시인도 경제적 동물이다. 물질과 금전이 최우선시 되는 현대를 살아가면서 그것과 관련지어 고통 당해보지 않은 사람이 몇이나 될까만은 특히 시인들은 경제적으로 고통을 당하기가 십상이다. 다른 사람을 배려하는 따스함, 물질보다는 정과 정신을 더 중히 여기는 태도, 이런 것들이 바로 그들을 고통 속으로 이끄는 것들이다. "마음만은 할배적 빛깔로" 넉넉함과 따스함으로 네게 대해주고 싶은데 그렇게 할 수가 없는 상황에 놓여 있다. 시인은 경제적 어려움에 놓여있고 자신의 앞으로는 집을 마련할 수도 없는 곤궁한 처지에 놓여있다. 이 시가 태어난 날은 시인이 고통을 이기기 위해 술을 한잔 한 날이거나, 또 어쩌면 지속되는 어려움으로 부부싸움이 있었던 날인지도 모른다. 가족들에게 미안해하는 마음이 역력하다. "에미 앞으로 된 아파트 안에서/에미 앞으로 된 전화길 만지며/다섯 해의 하늘 다 누리지 못한 네게/허공 쳐 되돌아오는 핏줄 이야길 하곤/감당치 못하는 눈시울이여" 경제적 어려움은 고통이다. 더구나 시인에게 있어서 가족으로 인해 생긴 이 고통은 단순한 고통이 아니다. 가슴 에이는 아픔이 있는 고통이다.

2. 우금케 치닫는 오늘

시를 가리켜 '논어(論語)' 위정편(爲政篇) 에 이르기를 "詩三百 一言以蔽之 曰 思無邪"라고 했다. 시라고 하는 것은 사특함이 없다는 말이기도 하지만 거짓이나 사악함이 있어서도 안 된다는 뜻이다. 시란 세상을 근심하거나 풍속을 마음 아파하는 진심이 표출되어 조금도 꾸민 데가 없어야 한다. 세상에 대한 근심으로 성인의 흉내쯤은 낼 수 있는 것이 시인이다.

채희인 시인의 작품들은 세상을 근심하는 태도를 견지한다. 교사로서 평생을 살아온 그의 직업적인 것이 무의식중에 반영

되고 있음이다. 때로는 제자들을 향해, 가족과 사회를 향해 그리고 세상을 향해 확장되어 가고 있다.

고래로 현실은 지각 있는 사람들에게 우려의 대상이다. 더 앞으로 나아가야 하는데 이를 역행하는 요소들이 여기저기서 솟아오르기 때문이다.

기미해, 아우네 장터 그 모습으로
저- 만치 도린곁에서나
은빛 미리내 물결이더니
……
고갯심 돋군 점령군으로
……
떼거지로 아우성이구나 망초꽃, 너는.

「오늘의 망초꽃, 너는」 부분

오늘을 보는 시인의 태도를 확인할 수 있는 부분이다. 예전과는 많이 달라진 세태를 보여주고 있다. 예전에는 집단 민원이 그리 흔한 일은 아니었다. 그런데 최근에 들어서는 만병통치약처럼 시위가 이용되고 있다. '떼거지로 아우성'을 치는 것으로 합리성과 순리를 넘어서려고 하는 것이 오늘의 한 현실이다. "기미해. 아우네 장터 그 모습으로/저- 만치 도린곁에서나/은빛 미리내 물결이더니" 망초 꽃이 사람의 손길이 잘 닿지 않는 외진 곳에서나 무리를 이루는 것은 당연한 일이다. 그러나 오늘의 현실은 그러하지 못하다. 같은 사안을 두고도 긍정과 부정의 대립된 시위들이 판을 치고 있다. 긍정의 방향을 향해 고민하고 손잡고 나아가기를 염원하는 시인의 삶에 대한 태도를 보여주고 있다. 시인은 무분별하게 이루어지는 시위 현실에 대해 곱지만은 않은 시선을 보내고 있는 것이다.

側席空席曇由緣(측인공석담유연)
茶姬輕談裏回旋(다희경담리회선)
開馬駔傳接東明(개마장전접동명)
不如小雀似儡身(불여소작사뢰신)

교무실 옆자리가 종일 비어도 그 연유를 모르고
다방 아가씨, 껌 씹는 이야기 같은 오가는 말에
연암 선생의 마장전 펼쳐 새벽 맞는 모습, 흡사
저문 가을녘 참새도 쫓지 못하는 허수아비 같네

「吟庚午之秋日」 전문

각박하기만 한 세태를 풍자하고 있다. 동료가 종일토록 자리를 비워도 동료에게 무슨 일이 있는지 궁금해 하지도 않고 또한 주변에 자신의 일을 알리지도 않는 정의 메마름 속에서 허위와 위선으로 가득 찬 모습을 발견한다.

「마장전」 연암박지원의 작품으로 군자라 자칭하는 이들의 교우를 풍자적으로 꼬집고 있는 작품이다. 저자의 세 친구가 만나 군자들의 친구 사귐이 권세와 물욕에 몰두하여 교우함이 마치 말 거간꾼들의 그것과 같다고 풍자한다. 다른 고서들이 많이 있음에도 굳이 마장전을 읽어 새벽을 여는 것은 세태를 벗어나 오롯한 길을 걷겠다는 시인의 태도임에 다름 아니다. 마장전을 읽어 새벽을 맞이하는 태도가 바로 그런 삶의 자세를 반증하고 있는 것이다.

또한 시인은 그것을 고치고 싶어 하지만 세상은 이를 받아들이지 않고 있다. 참새도 쫓지 못하는 허수아비에 자신의 모습을 빗대어 표현하지만 이는 참새를 쫓지 못하더라도 늘 그 자리에서 역할을 다하겠다는 의지의 표현이기도 한 것이다.

동양적인 태도에서 본다면 시인은 풍속교화의 책임을 지닌다. 다음의 시는 시인의 그러한 태도의 한 모범을 보여준다.

> 맡은 업무가 환경이라서
> 하루 중, 한 시간 뿐인 빈 시간에
> 한 해 도서비보다도 비싼
> 아 · 가 · 모 입간판을 세웠다
> 서덜에서 탑을 쌓는 마음으로
>
> 점심시간, 궁금한 아이들
> 참새처럼 몰려 온 그 자리, 울녘엔
> 과자 껍데기, 어겹으로
> 병정놀이하네요, 오늘은.

「병정놀이하네요. 오늘은」 부분

맡은 업무가 있으니 하루 한 시간 밖에 없는 시간에도 휴식이나 연구보다 업무를 진행해야 하는 것이 학교 현장의 현실이다. "아 · 가 · 모 입간판을 세웠다/서덜에서 탑을 쌓는 마음으로/점심시간, 궁금한 아이들/참새처럼 몰려 온 그 자리, 울녘엔/과자 껍데기, 어겹으로/병정놀이 하네요, 오늘은." 한 해의 도서비보다도 비싼 입간판을 세우는 학교 행정을 보면서 형식적으로 이루어지는 학교 행정의 허구를 비판하고 있다. 입간판을 세우는 형식보다, 아끼고 가르고 모으는 실질적인 교육이 우선돼야함이 지적되고 있다. 한해 도서비보다도 더 비싼 아가모 입간판을 세우는 자리에 아이들은 과자껍데기를 어겹으로 쌓이게 만들고 있다며 역설적으로 형식적인 것보다는 실제와 실천의 중요성을 강조한다. 또한 학생들에게 있어서 무엇보다 중요한 것 중 하나가 도서를 확보하는 일이지만 이것이 외면되고 있음을 함께 비판하고 있는 것이다.

複道濃唾笑驕臥(복도농타소교와)
試驗敏眸輝星座(시험민모휘성좌)
白白黑黑畢勒說(백백흑흑필근설)
短車爲紙成景畵(단거위지성경화)

복도엔 가래침들 뻔뻔스레 누워 웃고 또 웃으며
시험 때 눈동자 재빠른 아이들 부끄럼도 모르니
흰색은 희고 검정은 검다고 힘겹게 설명코 나니
작은 승용차에 부르지도 않은 풍경화만 걸려있네

「吟於校庭一日」 전문

학생은 학생다워야 하며 가르치는 사람은 선생다워야 한다. 하지만 작금의 현실은 그렇지가 못하다. 다른 사람을 배려함이 없이 기본적인 질서 의식마저 망각한 채 복도에 가래침을 뱉고, 시험시간에 눈을 돌려 커닝을 하면서도 부끄러움을 느끼지 못하고 오히려 이를 나무라는 교사의 자동차에 그림을 그려 반발한다. 부끄러움을 부끄러움으로 여기지 못하는 정말 부끄러운 현실임에 틀림이 없다. 그런 현실을 풍자하여 예의염치가 있는 현실이 되기를 바라는 마음을 표현하고 있다.

深夜秋月捿庵子(심야추월서암자)
老僧斷唄木鐸啞(노승단패목탁아)

風波磬聲爲惇友(풍파경성위돈우)
塵世紆心吐破摩(진세우심토파마)

깊은 밤, 가을달은 암자에 깃들고
노승의 독경 목탁소리도 끊겼는데
바람결에 풍경소리 친근한 벗이 되어
속세에 얽힌 마음 꺼내 어루만지누나

「白蓮寺夜」 전문

한시를 설명하는 방법 중의 하나가 정경론(情景論)이다. 그리고 정경론(情景論)을 설명할 때는 흔히 유협(劉勰)의 『문심조룡(文心雕龍)』을 활용한다. 한마디로 어디까지가 경(景)이며 어디부터가 정(情)인지를 구분할 수 없는 경지에 이르도록 하는 것이 시의 최고봉으로 이는 천의무봉(天衣無縫)이라는 말로 설명된다. 시는 늘상 경(景)과 정(情)의 결합으로 이루어지기 때문이다. 이 시도 전반의 백련사 달밤의 경(景)이 결말의 속세에 찌든 마음을 위로하는 정(情)과 결합되고 있다. 채희인 시인이 선비적인 풍모를 지녔음은 물론이거니와 심성 또한 그러하다. 달밤 산사에서 살아온 삶을 생각하며 스스로 정화의 과정을 갖고 있음이 그려진다.

방과 후 화장실 청소에
나란히 땀 흘렸던 철수와
회초리로 더하기 빼기 일러 준
선생님 눈길 뒤로하고, 더러는
……
당나귀 눈망울에 까대기 같은 아이들

뜨악한 나들이로 징쟁징쟁여
거수기 손님으로나 들어서는데,

「까대기 같은 아이들」 부분

「中學校 再排定場에서」라는 부제가 붙은 시이다. 대개가 그렇듯이 이 시에 있어서도 부제는 구체화와 한정의 의미를 지닌다. 중학교 배정에 불만을 품은 학부형들이 부모들의 욕심으로 집단 민원을 일으키고 중학교의 재배정을 받는 과정을 보여준 것이다. 상대적인 피해의식을 느낄지도 모르는 담임선생님과 친구들의 눈초리를 뒤로하고 따라나선 아이들의 발걸음은 결코 편치도 가볍지도 못했을 터이다. 부모들의 의지를 대신하는 자동거수기로서의 아이들의 모습이 까대기처럼 보여 져 아이들을 바라보는 시인의 눈에 교사로서의 측은함이 묻어나고 있다.

三冬深夜友滴聲(삼동심야우적성)
冷冷客房臥抱膺(냉냉객방와포응)
千里忠州戀食率(천리충주연식솔)
壁中曆表抽土暢(벽중력표추토창)

삼 동 깊은 밤, 빗방울 소리 친구되어
냉기 도는 하숙방에서 웅크리고 누워
천리 밖 충주 땅, 가족들을 그리며
벽, 달력에서 토요일만 세어보네

「吟於三冬深夜」 전문

가족들이 살고 있는 지역과는 먼 임지에서 느끼는 감회이다. 한겨울 깊은 밤중 때 아니게 내리는 빗소리가 그의 심회를 더욱 자극하고 있다. 벽에 걸린 달력의 날짜를 해아려 가족을 만날 시간을 손꼽아 기다린다. 가족에 대한 절절함이 숨김없이 표출되고 있는 시이다.

우리네 조상님네들은
하루를 여는 새벽녘을
뭉뚱그려, 인시(寅時)라 하고

해 오르듯 문명 솟구친 곳을
동방[寅]이라 오리엔트라 부르거니와

띠를 나타내는 열두 마리 동물 중
게염없이 무리지지 않는 호랑이를
인(寅)이라 하여 '호랑이 寅(인)'입니다

나라[大韓]의 틀도 잡지 못했던 때
때론, 행짜스런 바람도 맞으며
시골 만년(萬年) 훈장이셨던 아버님은
깝죽대 힘줄 돋굴 땅뙈기보다는 내게,
인(寅)이라는 이름 점지해 주셨습니다

그래 그런지, 새벽이면 잠 못 이뤄
곰팡내 난다는 당시(唐詩)나 펼치는 나를
졸가리 같은 반지 하나 끼지 못한 아내는
모처럼 만나 얼굴도 가물가물해진

동창들에게 너무너무 내세울 게 없어

새벽잠 없는 남편도 자랑거리라고
엉너리로 한 마디 불쑥 던지고는
홍당무가 되었답니다, 누구를 닮아.

「이름 하나의 遺産으로」 전문

시인의 중요한 콤플렉스 중의 하나는 아버지와 관련한 것이다. 비록 세상살이와 등을 지고 세월을 낚는 것으로 삶을 영위하셨지만 아버지는 아픔의 대상인 동시에 무한한 존경의 대상이기도 하다. “나라의 틀도 잡지 못했던 때/때론, 행짜스런 바람도 맞으며/시골 만년(萬年) 훈장이셨던 아버님은/깝죽대 힘줄 돋굴 땅뙈기보다는 내게,/인(寅)이라는 이름 점지해 주셨습니다” 아버지가 지어주신 이름에 대해 오늘에 다시금 감사의 마음을 담는다. 대부분의 가문이 그러하듯 이름자 석자 중에 첫 자인 성은 조상이 대대로 주는 것이요. 두 번째 글자나 세 번째 글자는 항렬을 정하는 것으로 일정 수의 글자를 정해 돌아가며 사용하는 돌림자이다. 그리고 한 글자가 자기에 해당하는 이름자이니 자기 자신의 이름은 기실 한 글자라 해도 과언이 아닐 것이다. 시인에게 있어서의 성과 가운데 돌림자를 빼면 본인의 이름은 ‘인(寅)’만 남을 터이다. 아버지에 대한 무한한 존경과 감사의 마음이 이름을 해석하는 것으로 향한다. ‘여는 새벽녘’ ‘문명 솟구친 곳’ ‘게염없이 무리지지 않는 호랑이’가 바로 그것이다. 그의 자의적인 해석일 수 있겠으나 아버지가 지어주신 이름대로 살아온 것에 대한 자부심으로 가득 차 있다. 시인 스스로가 격동의 세월을 이겨내며 지내온 것에서 비롯한 자신감일 수도 있겠다. 이름값 하고 살아낸 것에 대한 그것 또한 선친이 물려 준 유산으로 받아들이고 있음이다.

3. 목비 같은 기쁨의 내일을 생각하며

시인은 50년대에 태어나 굴곡진 우리역사의 한 시대를 살아왔다. 이데올로기의 대립과 산업화의 과정에서 이루어진 다양한 갈등들을 몸소 감당해 낸 삶이다. 다양한 굴곡의 삶은 그에게 때론 그늘을 심어 주기도 했고, 그 결과로 훈장처럼 아로새겨진 주름을 갖게 되기도 했다. 어느 삶이 사연 없는 삶이 있겠는가만은 그의 삶 또한 만만치 않은 것이었다. 겉으로 보기에 20대에 공직의 길에 들었고 부부가 모두 공직의 길을 걸었으니 부족함 없이 평온과 안락의 삶을 살아 온 것처럼 보인다. 그러나 아버지로 대변되는 이데올로기의 반목으로 인한 고통을 감내해야 했고 조합서기로 대변되는 산업화 과정의 불합리와 싸워내야 했다. 교사로서 그리고 조직의 한 구성원으로서 사회생활을 하는 과정에서 얻게 되는 갈등과 부조리는 오늘의 그를 존재하게 하는 바탕을 이루고 있다. 그는 감당해야 했던 고통을 응시하고 그에 대한 해법을 찾아 당당하게 맞서며 내일을 위한 것으로 승화하고 있다.

…… 〈전략〉

보리톨 고추장에서
탐관오리 조병갑을 몰아낸
깃발 치켜든 동학농민의 얼굴도
불란서 시민혁명 때, 그 함성도
잦아들어 강강술래를 치는구나

그렇지요,
자신과 이웃을 소중히 여기라는
공자님 말씀 곰비임비 부려놓은
화이부동(和而不同)의 사람과

화이부동(和而不同)의 마을과
화이부동(和而不同)의 세상입니다

「비빔밥을 앞에 하고」 부분

여러 형편으로 보아 두세 권 쯤의 시집을 훈장처럼 갖고 있을 법하지만 평생을 써온 시를 묶어 이번에 처음으로 세상에 내 놓는 것을 보면 시인은 다작(多作)의 작가는 아니다. 내면화와 사유의 과정을 충분히 거치고 있음이 분명하다. 따라서 그의 시는 세상을 바라보는 섬세함과 따스함이 함께 존재한다. 이 시는 비빔밥을 마주하여 다양한 재료들이 함께 어우러져 하나의 맛을 만들어 내는 것을 보며 거기에서 세상의 이치를 터득하고 있다. "화이부동(和而不同)의 사람과/화이부동(和而不同)의 마을과/화이부동(和而不同)의 세상입니다." 다양한 사람들이 만나 선조들의 유산을 바탕으로 함께 어울리고 나아가야 함을 이야기하고 있다.

……〈전략〉

교문을 나서려니 어느 누구인가
자동차 먼지를 말끔히도 털어 놓았구나
오락가락하는 정신 다문다문 추스려
배시시 웃기만하는 강 건너 아주머니
자비를 베풀었구나, 이 시대엔.
바사기한 사람만이
바사기한 사람들만이
목비 같은 기쁨을 나누는구나

「목비 같은 기쁨을」 부분

어느 토요일 오후 아이들의 지도와 업무로 피곤한 일주일을 마치고 퇴근길에 생산되었을 법한 시이다. 지금이야 토요일도 휴무이지만 불과 십 년 전만 하더라도 토요일은 절반의 근무가 있는 날이었다. 가족을 떠나 타지에서 근무를 했을 터여서 시인의 마음 또한 바빴으리라. 근무의 스트레스를 가슴가득안고 퇴근을 하려 할 때 "교문을 나서려니 어느 그 누구인가/자동차 먼지를 말끔히도 털어 놓았구나"며 큰 기쁨을 얻는다. 일주일간의 임지에서 겪는 모든 스트레스를 상쇄하고도 남음이 있다.

이어 "오락가락하는 정신 다문다문 추스려/배시시 웃기만하는 강 건너 아주머니/....../바사기한 사람들만이/목비 같은 기쁨을 나누는구나" 무언가 부족해 보이는 사람들의 마음이 오히려 풍족하며 그들이 오히려 진정한 기쁨을 나눌 줄 안다는 깨달음을 보여주어 이것이 우리 사회가 향해야 할 길임을 역설한다.

이익만을 향해 치닫는 벼랑 끝에서
닭 울려 새벽 알리고
해바리기 굳은 손으로
기와 조각 들고 오셔
제기(祭器) 닦으시던 그 모습, 오늘
가슴 깊이 슴베처럼 부둥켜안고
드레의 장을 열자 그리하여
검푸른 바위 돌 사이는 어디에나
연분홍 진달래 흐드러짐도 알자

새 둥지 튼 그대들이여
더러는 튕겨진 날들도 있으리
허나, 조급히 결과만을 고집하지 말고
바라보는 그 눈빛만으로도 당당히

서로의 보짱을 이해 하자구나

「우암동 877번지」 부분

우암동 877번지는 시인에게 있어서 상징적인 장소이다. 가족 그리고 그들의 꿈이 잉태된 공간이다. 우암동 877번지의 당당한 은행나무 앞에 서서 "제기(祭器) 닦으시던 그 모습, 오늘/ 가슴 깊이 슴베처럼 부둥켜안고/드레의 장을 열자"고 다짐하고 있다. 메마른 가지에서도 때가 되면 움이 트고 잎이 돋아나듯 이겨낸 역경 뒤에는 언제나 밝음이 존재한다는 것을 체득한 삶의 지혜는 "서로의 보짱을 이해하자구나" 귀결되고 있다. 긍정적인 결과가 늘 이해와 협력에서 비롯되고 있음을 세상을 향해 강조하고 있다.

Ⅲ. 맺는 말

시의 정의는 매우 다양하다. 그것은 '시란 무엇인가'라는 질문에 답할 수 있는 사람 만큼이다. 그들 중 매슈 아널드는 '시는 인생의 비평이다'라고 갈파한다. 이는 인생의 깊이를 바탕으로 하는 통렬한 자기반성을 통해 시가 생산됨을 의미하는 것이다. 세상에는 많은 시인들이 존재한다. 그러나 그들 모두가 이러한 자기반성을 전제로 작시(作詩)를 하지 않고 있음을 우리는 알고 있다. 혹자들은 그들의 무성의함에 빗대어 애꿎은 나무만 죽이고 있다고까지 비판한다.

채희인 시인의 경우는 그 세대의 사람들이 그러하듯 아픔과 고난의 세월을 감당해 냈고 이제는 정년을 앞두고 있다.

이데올로기의 대립과정에서 겪은 아픔, 산업화의 과정에서 겪게 된 가족간의 갈등, 가난의 과정에서 겪게 된 아픔, 무분별한 개발로 인한 파괴, 사회생활 과정의 불합리와 괴리감, 교육현장에서 보여 지는 탈이성(脫理性) 이런 것들이 그가 생을 통해 감내하고 극복해야 했던 것들이다. 그리고 그러한 그늘이 그의 시에서 드러난다.

채희인 시인의 시에는 '그늘' 이 있다. 그 그늘 속에는 그의 삶의 여정이며, 세계관이며 사랑이며 하는 그의 모든 것이 녹아 있다. 그리고 성장기와 청년기의 격정과 고뇌로 이루어진 '그늘'은 이제 나름의 창법에 의해 작품으로 표현되고 있는 셈이다. 수십 수백에 이르는 많은 수의 작품이 아닐지라도 그 속에서 그의 삶을 발견할 수 있다. 건강한 한 인간의 모습이 있다. 아픔이 있고 아픔을 당당하게 말할 수 있는 용기와 따스함이 느껴진다. 삶의 굽이에서 체득한 온화와 여유로움이 그의 시에서 발견된다. 타인을 위한 배려를 늘 염두에 두지만 결코 불합리를 묵과하지 않는 단호함은 그의 삶의 태도이기도하다.

연장의 무딤으로 해서 시(詩)가 다치는 일이 없었기를 바라며 삶의 한 전환점에 서서 새로운 세상을 향해 나아가는 길에 큰 발전이 있기를 기원한다.

김 영 대 박사 약력

청주대학교 대학원 졸 / 문학박사
청주대, 한국교통대 외, 외래교수, 겸임교수 역임
(전) 목계나루문화관 관장

하현달

채희인 詩
정태준 作曲
Adagio
mp
mf
보— 름 달어찌해 못 보고 꼬다케 오른고갯 마 루에 이울
mp
어 가는제모 습 —이 쑥 스 러 워 어제
보 다는 한입 물 —려 더디오 르고 — 는 기 라

mf
성 에한켠의 자 리도 내ㅡ주 ㅡ ㅡ 고 소박
p
맞 고모퉁이돌아 서 ㅡ는 고 모 같ㅡ 아 닿지
f
rit.
않 는그리움ㅡ만 포 록 포록입니 다

하현달

채희인 시집

발 행 일 | 2018년 1월 25일
지 은 이 | 채희인
발 행 인 | 李憲錫
발 행 처 | 오늘의문학사
출판등록 | 제55호(1993년 6월 23일)
주 소 | 대전광역시 동구 대전로867번길 52(한밭오피스텔 401호)
전화번호 | (042)624-2980
팩시밀리 | (042)628-2983
전자우편 | hs2980@hanmail.net
카 페 | cafe.daum.net/gljang(문학사랑 글짱들)
cafe.daum.net/art-i-ma(아트매거진)

공 급 처 | 한국출판협동조합
주문전화 | (070)7119-1752
팩시밀리 | (031)944-8234~6

ISBN 978-89-5669-890-8
값 9,000원

* 이 책은 교보문고에서 eBook(전자책)으로 제작 · 판매합니다.
* 잘못 제작된 책은 바꾸어 드립니다.